給青春的第二條路

余浩瑋

熱血翻轉推薦

看完書稿，很想認識浩瑋的父親，很想跟浩瑋的父親說「辛苦了，但現在你真的可以以你的兒子為傲！」有句話說「人不輕狂枉少年」，看浩瑋這個小時候的壞孩子，竟然以一己之力籌辦了十六年的全國高中戲劇比賽，哈！真是輕狂不枉然啊！

導演　王小棣

一種野，一頁一頁書寫的文字，我看著像長成可入菜做一鍋有苦有甘的湯，野花野草野菜也本都有名字，在合適的時節長在合適的土地，呈現豐富的樣態，就是野著長的浩瑋。

歌手　巴奈

你，用多大的力氣扭轉青春的荒唐；你，用多大的傷心弔念青春的痴狂；你，用多大的怒氣毀滅青春的肉體。青春好美，好美，好美，因為是人生的唯一！

有一個人，從狂妄青春到熱血熟男，一直為花樣的青春們努力，讓青春的怨氣瘋狂有地方可去。用戲劇方式用力演出自己，用他自己不成功的年輕故事帶領青春生命需要出口的孩子。他不輕易言愛，他用行動證明了愛，他用力一點一滴累積讓花樣年輕，不再留白。

精靈幻舞團長　賀連華

因為劇而聚。

因為劇，我們認識了青藝盟，也認識了浩瑋，更意外的是認識來自台灣各地的年輕人，在書中，我們看見浩瑋一路的努力，更看見年輕人需要的是「被支持」。青春，需要被認識、被看見、被支持，願我們都可以成為一種推力，讓每個人都能走出屬於自己的路，即使路多繞了幾圈，欣賞沿途風景也是收穫！誰說，人生的路只有一條呢？

聯華電子科技文教基金會　執行總監　何蕙萍

我親眼見證浩瑋帶領青藝盟多年來不眠不休為「花樣年華—全國青少年戲劇節」奔忙，「花樣」早已成為台灣高中戲劇社團的藝術殿堂，在我心目中，浩瑋就是讓這些年輕人走入藝術殿堂的偉大教育家！這一本《給青春的第二條路》請您一定要去買來看，看看他究竟是怎麼做到的！

淡水文化基金會董事長　許慧明

每個孩子天生有自己獨特的能力，浩瑋很幸運的，在戲劇藝術中找到了自己的長才，並且幫助更多青少年，尋找屬於他們的生命舞台！

桃園至善高中董事長　張皓期

曾經是大家眼中的問題少年，長大之後透過藝文創作來解決少年的問題，並帶著少年們了解台灣的問題！

拷秋勤　勞動服務　魚仔林

浩瑋總讓我想起國高中時的廢材哥們，但劇場藝術讓社會眼中的廢材開出了花樣年華全國青少年戲劇節。這樣一朵奇花異草，支撐起十六年來全國高中生的戲劇夢土，這看似該由政府或社會賢達為下一代鋪好的夢土，卻是由一位中輟生浩瑋與他的夥伴俯臥在土地耕耘而來。讓許多彷徨的孩子在劇場裡重新睜開眼睛，看到不一樣的生命風景。

浩瑋自己也像個歷經滄桑的老男孩，睜開他長期直視夢想太陽而泛棕色的眼睛，他的眼神依然純真，他不願背對這個給他磨難的世界。他站在懸崖邊，準備接住每個往懸崖邊跑來的孩子，就像劇場當初接住他一樣。

狂想劇場導演　廖俊凱

不同年代的真正價值——推薦序

竹圍工作室創辦人 蕭麗虹

台灣青少年常常會被質疑為X、Y、Z……世代，是很不關心世事的一代青年，而為數不少的青少年也被指責為是浪費人生的一代。但青少年又如何看待自己？看待同窗及了解不同背景社會及自身所在呢？

余浩瑋他從地上抓出一條十分獨特、富創意教育的表演藝術、文化創意的路。把自己拾起來、也把這條路轉化為一個另類文化教學方式，透過這樣的方式讓青藝盟歷年在觀眾的掌聲中串連起全國的高中生！

這樣沒有通過學校指定的教案，又為何能得到那麼多跨領域專家的協力介入和參與？也得到那麼多媒體及企業的目光？青藝盟是如何把價值從活動中找出來的？我有幸多次從旁觀察他們的團隊及浩瑋本身的特質，「花樣」在深入練習的過程中，大膽推動全國十幾所高中青少年的自覺及釋放他們的內心！學習面對不同的意見，也聆聽他人的見解，但也學習必要有的自信，三言兩語必須清楚說出自我的內心信念、感覺及立場！我親眼看過像操兵一樣的練習！最重要的是，這些青少年得學習與長者對話的方式，了解長者的可貴及跨年代接軌、吸收智慧及經驗。然後彼此都因為計畫而慢慢知道，這不只是一個演出，而是一個機會，打好基礎，不怕左右的為難，共同碰出火花，覺醒出社會正在發生的問題。

「時代青年」得用最快速、最真實、也最實在的人情世故之方式去推動他們所在乎的議題，著手介入改變，因為未來是他們的！花樣給這些青少年方法，從高處看社會現在的處境！這「魔鬼式」的學習過程將會把孩子的自覺提升到同儕間，讓彼此之間有更多的共識，並得到學校、家長的認同。從中發覺到「團結力量大」，找到最有力的行動！這些經驗他們日後一定會深深記得，這過程中的痛苦、錯覺及事後的成長！這歷屆的「花樣」對全國參與的高中生來說，是個無可替代的記憶及準備，未來他們是從地平面去整合，往高處爬，又能用高科技、高視野的世界觀出發，重整經濟物質消費時代的錯誤！

二〇一六年可以期待是台灣改變的開始，從青藝盟的成員來說（多位是過去參予後回流為義工！），他們十六年來在全國高中、在街頭、在青少年安管中心努力的付出，點出青年人對社會的看法、各自對自己未來的選擇及合作做出行動！因此我深深感受到臺灣的未來是真的可以很好！

「闖」世代精神——推薦序

前福特六和汽車總裁　范炘

在「勇闖我的新世代」百萬資助金的逐夢競賽決選活動上，我看著一組組的年輕人，竭力地講述著團隊的理念，為了爭取邁向夢想的下一步。當浩瑋走上台，準備分享他的「風箏計劃」，他面帶羞怯的臉孔讓我些許的擔心，但在接下來的簡報中，浩瑋展現了他豐富的生命力和對於實現理想的熱情，而最重要是，他不受限於現實的「闖」世代精神。

浩瑋依靠著自身的成長經歷，用熱情成立了「青藝盟」，再用闖世代的精神開啓了「風箏計劃」，他一步一步地對這個社會擴大正向的影響力；他不只講述自己的故事，更勾劃出他對這個社會環境的理想，不止於此，他更將理想付諸於行動，一步步向前邁進。這種不畏懼框架、勇於突破的勇氣，是身為台灣人的我們最引以為傲的性格。

「EVERYTHING IS DIFFICULT, BUT NOTHING IS IMPOSSIBLE」，我們夠不夠大膽突破自己，這將決定我們人生行走的距離；「THE WORLD IS AS BIG AS YOUR DREAM」，浩瑋已經用「心」逐步實踐了夢想，也走出了一條我們未曾走過的生命祕徑。

寫在幕起之前

我是余浩瑋，一九八一年生，我是一個中輟生，最高的正式學歷只有國中畢業。我是青藝盟的盟主，這不是什麼恐怖的頭銜，就只是負責人的意思而已；青藝盟也不是幫派，它是目前台灣絕無僅有、獨一無二的青少年劇團。

這是一個大家都渴望優雅的時代，也是愛與感動都被拿來包裝與消費的年代。我先說喔，這本書可不是要談勵志和成功的故事，而是我這十多年來透過表演藝術和台灣的青少年們，一起實踐夢想與理想的過程。只是在這段過程中也看見了許多關於社會的、關於教育的、關於體制的不足。而這些不足也都可能成為影響年輕人在探索自我樣貌過程中的關卡，甚至是阻礙。如果想要翻轉這樣的現況，「價值觀」就是這改變的破口。

我之所以會選擇用表演藝術作為這樣的媒介，是因為青春期的我是個讓人頭

痛的問題學生，抽菸喝酒、打架鬧事、蹺家放火、頂撞師長、偷竊樣樣來。高三那年因為操行成績不及格被華岡藝校退學，父親也因為管不住我的頑劣、放我在台北流浪。十八歲那年，我成了一個被學校、被家庭放棄的中輟生。那時的我沒有目標，茫然的過著無感的每一天，直到我遇見改變了我一生命運的老師——張皓期。他收留無家可歸的我，也帶我進入劇團工作，我開始跟著老師推動青少年戲劇教育的活動，在藝術潛移默化的影響之下，也開始改變原本叛逆頑劣的性格，以及我的生命。

「人生的價值不是得到多少，而是能夠付出奉獻多少。」即便負債上百萬，但我仍堅持舉辦「花樣年華全國青少年戲劇節」，這是在台灣規模最大、歷史最久的青少年戲劇活動，這些年下來我們和這些孩子已經創作上百部作品、全國巡迴演出超過兩百場。「花樣」雖然是個活動，但對我而言她更像是一個體制之外的無形學校，除了舞台劇演出以及專業劇場課程的培訓之外，我們也會邀請很多在社會中各個領域的老師來到花樣，舉辦很多年輕人在學校裡面不太有機會聽到的講座，透過這些老師的生命經驗分享帶領年輕人去探索生命的樣貌、培養獨立思考的能力。透過劇場能夠去補足我們體制內比較不足的地方。

每個年輕人都應該有被肯定的機會，我或「花樣」或「青藝盟」這些年所有的行動都只是一個開始與串聯，或許交會是暫時的，但我們也能因此給予一些新的啟發，或在年輕人的心中埋下一個改變的種子。我希望所有的年輕人在長大後成為一個有能力的人的時候，可以不要對世界轉身、不要對社會冷漠、不要吝嗇分享與付出，在你可以的範圍都能夠去傳遞你所能分享的愛與善良、改變就從這裡開始，你自己就可以成為一個媒介，世界也會因此開始有了不同。

這一路走來當然不是只有我一個人孤單的撐起這個戲劇節，在我的周遭有人提供專業、有人付出青春、有人幫忙募款、有人協助宣傳、有人贊助捐款、有人媒介資源，我的夢想得到很多朋友的幫助跟支持，相對的這也是一種信任與責任，謝謝木馬文化給我們這個機會，讓我們這十六年來一步一步從流浪街頭走進了戲劇教育世界的故事被看見，也希望這段過程能夠為關心表演藝術、關心青少年教育的朋友帶來一些不同的思想碰撞與啟發。

這樣講還是有點模糊？好的，如果有機會你也可以來聽聽我的演講。嗯…？沒時間？那也沒關係，既然你都已經看到這裡了，那不妨我們就透過這本書帶你們走進我平常演講的課堂上，一起來聽聽我們為台灣的青少年透過表演藝術所開闢的另一條探索自我的道路。

GET OUT

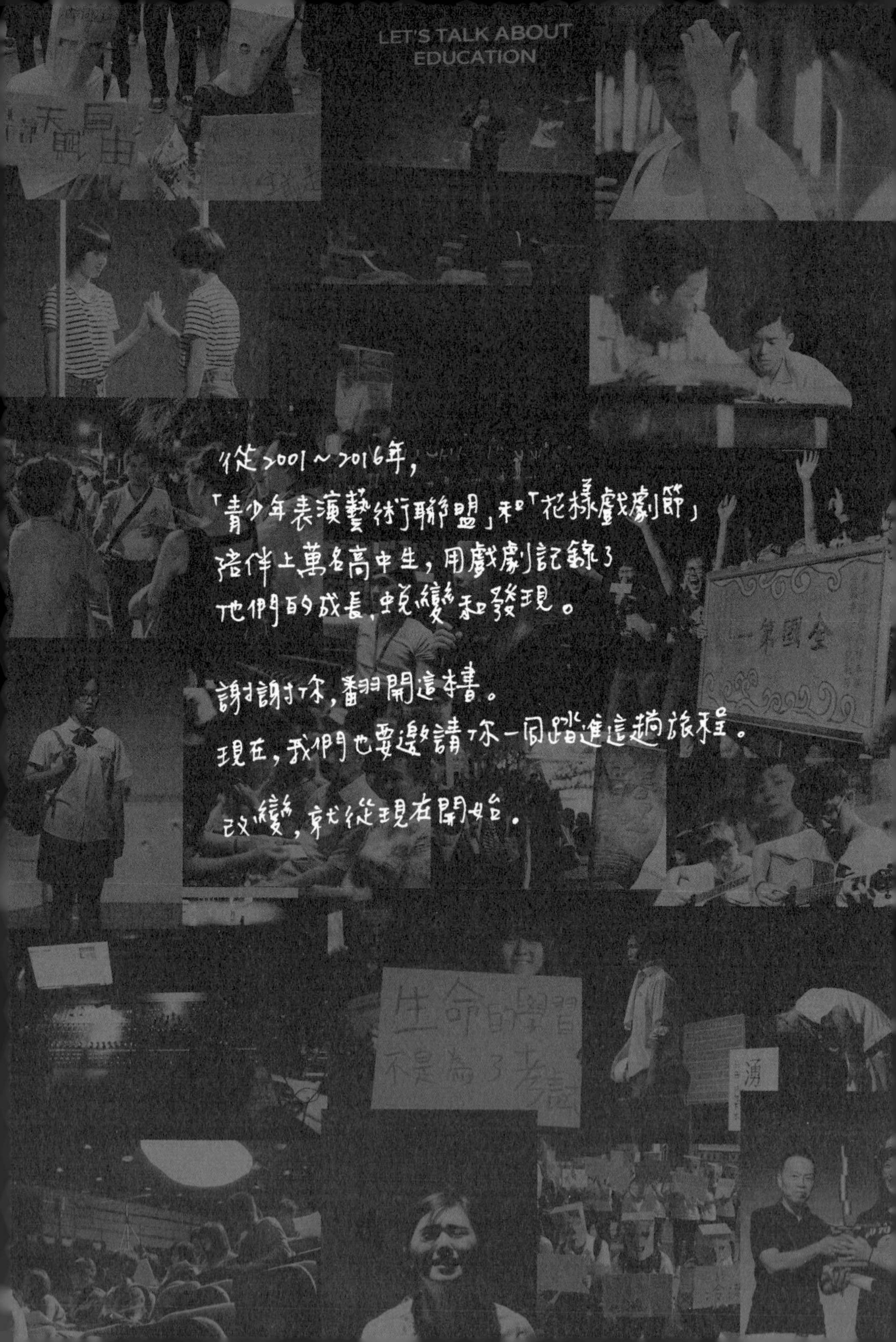

LET'S TALK ABOUT
EDUCATION

從2001～2016年，
「青少年表演藝術聯盟」和「花樣戲劇節」
陪伴上萬名高中生，用戲劇記錄了
他們的成長、蛻變和發現。

謝謝你，翻開這本書。
現在，我們也要邀請你一同踏進這趟旅程。

改變，就從現在開始。

青春覺醒
Awakening Youth

生命的學習
不是為了考試

第 13 屆花樣「let's talk about education- 創作工作坊」

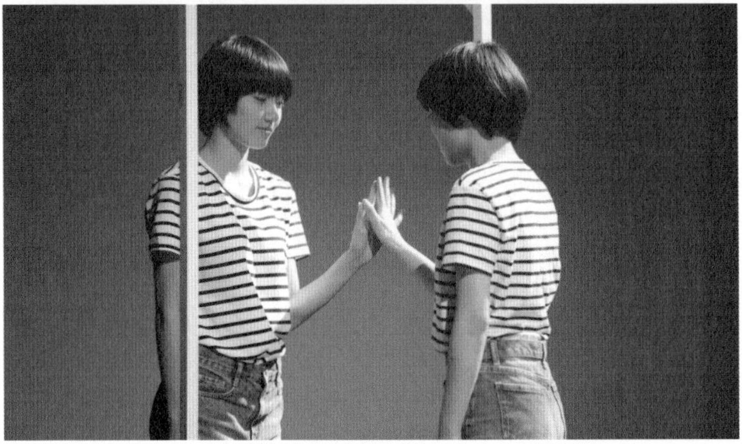

花樣課程

我們發起紙袋人快閃行動，讓高中生有機會表達訴求，並為台灣弱勢團體募款

請不要漠視
Listen, please.
拒絕霸凌
NO!!!
傾聽也是種

every
I'm shuffling
天賦自由
你總是低頭
這樣
要怎麼往前走
GO! TO OUR
PLAYGROUND

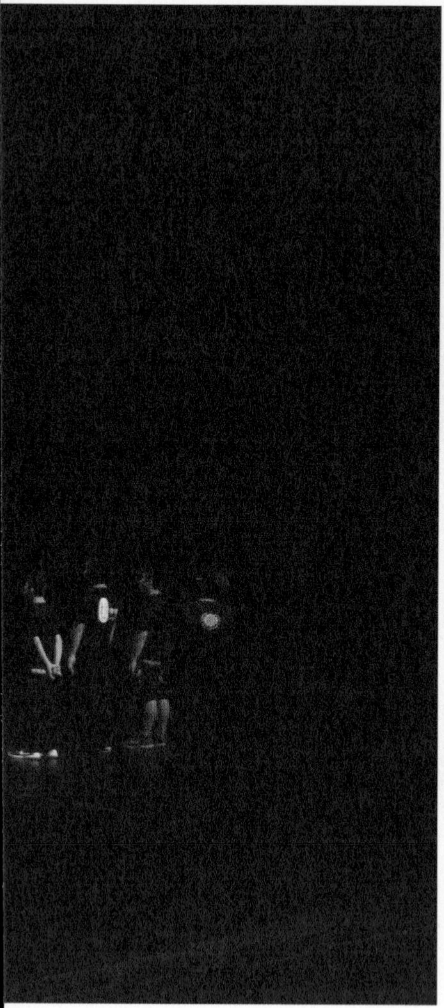

從幕前到幕後，從獨立作業到團體合作，每個孩子都付出百分之兩百的努力

正式開演前的精神喊話

第 15 屆屏東高中劇照

湧泉
警告
請勿下水
嬉戲

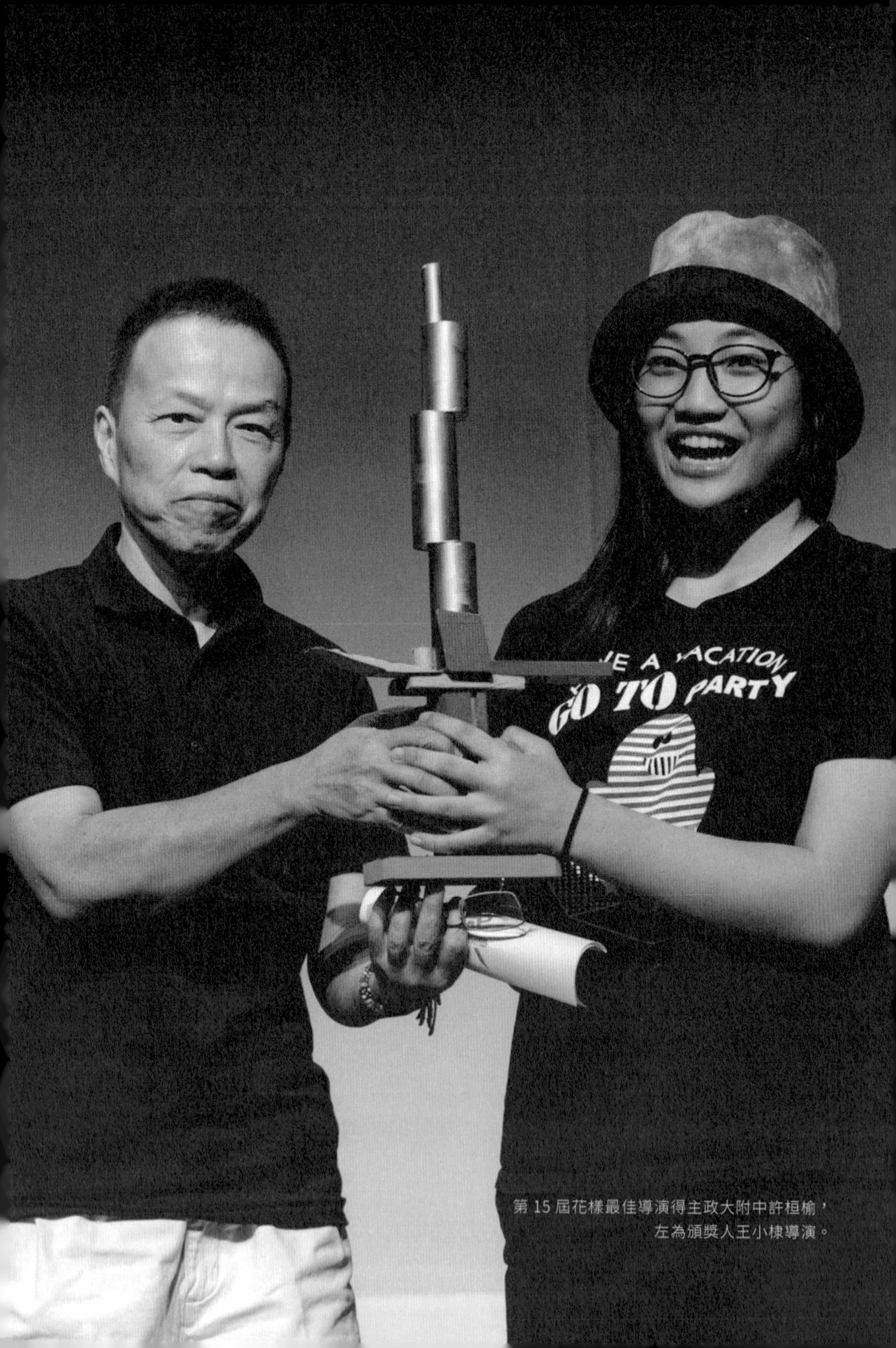

第 15 屆花樣最佳導演得主政大附中許桓榆，
左為頒獎人王小棣導演。

第十五屆花樣年華
全國青少年戲劇節
全國第一

CONTENTS

目錄

PART 1

我不是讀冊囝仔

我對成績獎懲帶著質疑，又不知道向誰傾訴，畢竟大人總在我們提出問題時，搬出那一千零一句台詞：「把書讀好，盡好學生該盡的本分就不會受到處罰。」

01

我是余浩瑋

「我叫楊曉欣，很普通的名字，之前還有人說聽起來像援交妹，我差點沒把他的嘴打爛！其實，我沒什麼朋友，也不太需要朋友，和大家的相處過的去就好了。反正世界上到處都是垃圾，也不太需要記得……」

——二〇〇六年，第六屆花樣戲劇節
萬芳高中・玩劇反鬥陣《日夜》劇本

我是余浩瑋，今年三十三歲，摩羯座，A型，未婚。

我帶青少年做劇團，我也組樂團，不過我是一個中輟生。

簡單直白是我喜歡處理事情的方式，所以今天這場演講的開場白我也習慣用這樣的球路看能不能先抓下第一個好球數。

幾年前曾有人用「社會邊緣人」稱呼我，因為從事劇場工作收入很低，再加上我高三那年因為操性成績不及格被退學，學歷只有國中畢業。

國中時的我叛逆又愛玩，翹課、抽菸、欺負同學，這些「壞孩子」做的事情都是基本款；遇到有人挑釁就嗆聲「拖堵」，在學校也曾因為被大人唸到很煩而踹過幾個老師。

我從小到大考試、比賽都沒拿過第一名，就連運動會時的跳麵粉袋、滾輪胎的趣味競賽也沒有。我非常愛玩又常常闖禍，在學校被老師打完之後，回家還要再被爸爸打，人家說的「從小被打到大」就是我成長過程中最真實的寫照。

放火燒教室的狂妄青春

我小時候玩的遊戲都很奇怪，我會和幾個朋友相約去賣場超商，比賽從賣場出來後誰能順手「牽」走最多東西。那時候我們很喜歡在學校外的電動間集合，下課時間就好幾個男生圍著一台街機打「格鬥天王」——一個三對三的對戰肉搏遊戲。有趣的是，每個角色都擁有不同特色的攻擊能力。故事主角是一個能夠操縱火焰的日本高中生，釋放帶著火焰的氣功波是他慣用的招式，大家都喜歡模仿他的動作，喊著完全聽不懂意思的日文，幻想自己也能和他一樣帥氣！而他的致命大絕招則是讓自己全身佈滿熊熊烈焰，近距離燃燒對手。下課時間班上男生總喜歡在教室後面直接組隊開打，上演真人版格鬥天王。常常一開始都只是玩鬧，然後越玩越起勁，到最後常常變成真的互毆……。

不過只有模仿動作不過癮，不知哪個傢伙發現可以讓我們真正「發火」的神奇道具——去漬油。這小玩意兒的揮發性很快，只要在手上倒一點點後點火，火焰馬上就會在掌心上綻放燃燒，而且不會燙！這個重大發現引起了大騷動，對我們這些屁孩的震撼程度簡直媲美阿基米德發現槓桿原理、富蘭克林發現雷電本質、牛頓發現萬有引力一樣驚人讚嘆。但我們並不是偉大的科學家，我們只是一票讓老師頭痛、被同學討厭，有著現代人類外觀的中二人猿組織。想當然我們有多躍躍欲試！

一開始有人把去漬油沾在手指上點火，讓手指冒出火焰然後點菸；接著有人把去漬油倒在整條手臂上點火，手上出現一條小火蛇！最後更有人覺得不夠看，吆喝大家到男廁，把去漬油倒在一大堆拖把上點火，拿著變成火球的拖把在空中轉呀轉的！一旁更有人不甘示弱的拿起整罐去漬油灑滿廁所的牆壁，火一點下去的瞬間，大家先是看傻了眼，安靜了一秒，接著便爆出歡呼！看著朋友滿足的神情讓我覺得實在太好笑了！放火嘛，我小學就和鄰居們在家附近的空地玩過了，根本就是小兒科！

隔天一早，我特地早起去加油站買了兩罐去漬油，心想竟然要玩，那就來玩票大的，讓大家看看我的厲害。一早進教室趁同學都還沒來，我把幾張桌椅拉到角落疊在一起，把油淋在眼前的課桌椅小山丘上，接著拿起手上的打火機「啪」一聲放火點下去。

火焰從小山丘裡竄出。

我看著火，從書包裡拿出被壓扁的軟包裝香菸，手指沾一點油，用課桌椅燃燒起的熊熊火焰點燃手指，為自己點起一根菸，靜靜地看著眼前的火球。突然間叛逆張狂的氣焰好像都不見了，我突然清楚地感覺到外面天空正下著細細的雨，心裡莫名湧現一種安詳的平靜。

「然後呢？」台下一個帶著眼鏡的短髮男生提出了今天演講的第一個問題。

然後我拿出我的烤煎蛋吐司配著最新一期的寶島少年，在火場旁開始吃早餐。

台下的學生發出陣陣笑聲，提問的男生又接著問：「所以教室被燒光了嗎？沒有人發現嗎？」聽完他的提問後，我有點不好意思的笑了一下。

「教室當然沒有被燒掉，但是我差點被打到爛掉。」我環顧台下每雙亮閃閃的眼睛接著說。

當時烤煎蛋才吃沒兩口，門外就傳來一聲獅吼：「余浩瑋！你在幹什麼！」我回頭一看竟是訓導處裡最兇最壯的訓育老師！在我什麼都還沒反應過來的同時，一個巴掌已經朝我呼了過來，打得我暈頭轉向搞不清楚東南西北。訓育老師緊接著往我和正在燃燒的課桌椅怒潑了一大桶冷水。這水一潑火勢瞬間小了，我整個人也才回過神來，當時心裡浮現的第一念頭就是：「死定了！」

我被帶到訓導處，主任和老師們對於一大早就看到學生闖禍倒是覺得挺新鮮。訓育老師對著眾人比手畫腳說他剛進學校就看到二樓教室窗戶冒出熊熊火光，以為是失火急忙提著水桶衝上去滅火，結果一進教室卻看到我邊抽菸吃早餐看漫畫還兼放火，差點沒氣到當場揍我一頓。

老師們邊翻著校規邊討論該怎麼做比較好，「看是要先通知警方還是通知家長？」我一聽不妙，急著大喊：「千萬不要通知我爸！」

「拜託，我求你們，我寧可你們去報警也千萬不要叫我爸來學校，讓他知道我就死定了！」

訓導主任完全沒把我的苦苦哀求聽進耳裡，他先吩咐老師帶我去買一套新制服換上，接著通知家長到校處理。想到放火燒教室的事情要通知家長，我整個人就像要被帶往刑場一般失魂，完全沒注意到剛被潑了一大桶水後全身濕濕黏黏的。

不要再打了啦！

當時在這個世界上，能看得見的東西裡，我最怕的就是我爸。

我爸不高，身高一百六十公分左右，不胖也不瘦，但他臉上兩條粗粗的三角形眉毛、右手斷了一截的無名指，和從頭到腳傳遞出的肅殺氛圍，不說話時真的是霸氣十足。

從小到大我被他揍的次數根本數不清。印象裡第一次被打是在上小學之前。那時候住在眷村，跟著鄰居叔叔學了幾句髒話，我爸聽到後把我吊在村口的芒果樹上痛打了一頓，天知道我根本就不明白那些髒話是什麼意思？還有一次我翹課跑去打電動玩到晚上才回家，又被我爸吊起來打。他一直追問我躲在哪一間電動場，我死都不肯說，他一火大就進廚房抄了把菜刀朝我走來，幸好那天剛好有朋友來找他，一看到這樣的情景立刻上前攔住老爸，替我求情。否則以我爸每次揍我的那種霸氣，我能不能平安長大還真是個疑問。

換完衣服，老師帶我回訓導處，還沒踏進辦公室，大老遠就看見我爸快步走來的背影。

他一看到我，馬上大聲喝斥我跪下！我根本不敢多想馬上下跪，接著反射性地喊出每次被扁的口頭禪：「我下次不敢了啦！」他順手抄起訓育老師桌上用來管教學生的「兵器」——一根被漆成紅白藍三節顏色的木棍，二話不說拿起來就往我身上一陣痛打！我被打得痛到受不了在訓導處裡逃竄，一下躲到老師桌下，一下躲到櫃子後頭，他拿著木棍絲毫不放過的往我身上痛毆，我只能邊跑邊哭邊吼：「下次不敢啦！下次不敢啦！」

旁邊訓導處的老師們只是呆站在旁邊沒有出手救我，我猜他們大概也看傻眼了，眼前這位個頭小小的父親竟然出手比他們還重，他們應該很想請我爸來加入訓育組吧？

不知道打了多久，我爸大概打也打累了，終於停下來不再動手，我臉上掛著眼淚和鼻涕趴在地上喘息，耳邊聽見他粗聲粗氣的對著訓導主任說：「我教訓過他了，應該不用通知警察了，學校該怎麼懲處就懲處，應該要賠多少錢再麻煩老師跟我說，如果沒事的話我就先回去上班了，不好意思給你們添麻煩了。」看著像被炸彈炸過一樣滿目瘡痍的訓導處，我想他那句「不好意思給你們添麻煩了」應該是為他自己說的吧！

後來老師並沒有把我扭送法辦，不過這次事件後我成了學校的風雲人物。不是因為放火燒教室，而是我爸跑來學校打我這件事，讓我成為大家茶餘飯後躲在廁所裡抽菸的天大笑話！

「大家應該猜得到，我的人生就是這樣諧星命一條。」聽完故事後，台下學生笑成一片，不知道他們是笑我被痛扁，還是在笑我的諧星命。

「當時我的老師可能想像不到，一個會放火燒教室、被記過、成績又不好的壞孩子，竟然有一天能站上講台述說自己的故事。」隨著PPT的節奏，我按下了下一頁，開始和大家分享這一個被教育體制定義為壞學生的諧星，他的成長、轉變、青藝盟的故事，以及這十五年來的每一次挑戰。

02

遇見不一樣的老師

「如果當初……我沒有加入這個社團，如果我只是就這樣繼續生活著，而不是去改變，那我是不是就，什麼都不用想，什麼都不用管了。只要，跟大家一樣過完我的十七歲，跟這間教室裡的所有人一樣。就好了嗎……？」

——二〇一〇年，第十二屆花樣戲劇節
政大附中・劇魂《偷》劇本

「你們有過夢想嗎？」

進入第二張簡報之前，我先問了這個問題，「是什麼夢想？實現了嗎？」

完成夢想真不是一件容易的事，但實踐了之後真的很爽，我必須這麼說。

從講台模仿跳進華岡藝校

小時候我對音樂不太敏感，聽的歌都是夜市金曲龍虎榜錄音帶，或是不知道原唱是誰的《NON STOP 舞曲大帝國合輯》。升上國中後，由於班上同學都很喜歡聽伍佰的歌，耳濡目染之下我也開始聽伍佰，《少年仔安啦》、《點菸》一首接一首，絕對唱得比任何人都還著迷。記得有一次我們班甚至為了想把伍佰的歌唱到爽唱個夠，還跟老師死纏爛打，就為了爭取班會時間能在班上開一次一場伍佰演唱會。

是說演唱會，但充其量也只是一場簡陋到不行的模仿大會。演唱會當天我從家裡拿來音響，帶著《夏夜晚風演唱會精選實錄專輯》、《伍佰的 LIVE—激情 95 枉費青春演唱會現場實況》兩張 CD，放入音響後把音響調成卡拉 OK 伴唱模式，消去人聲剩下歌曲旋律，幾個屁孩就這樣拿著掃把、羽毛球拍假裝成電吉他，迫不急待地跳上講台開始學起伍佰跳舞胡亂抖動，只差沒把拖把剪下來當作假髮戴在頭上了！班上每個人像瘋子一樣隨著音響的強力節奏嘶吼搖擺，沉醉在自己成為偶像魅力四射的幻想裡。

當時會在學校辦演唱會根本就是像阿姆斯壯登上月球一樣的創舉！消息一傳開，下課鐘聲一響，幾乎全校同學都來了！教室外一整排窗戶擠了滿滿人頭，爭相恐後，好像買了門票怕錯過任何一首歌的全校轟動。

即使這場演唱會爛到不行又陽春的可憐，卻讓我們這群屁孩賺盡了面子，一直到演唱會過後好一段時間，大家都還邊躲在廁所抽菸邊津津樂道的回味。在十五年前手機行動上網尚未普及、學生生活只剩念書考試按表操課的壓抑年代，苦悶的國中

生活真的只需要，也只渴望一枚小石子打起的零星波瀾。所以一場烏到不行又自以為是的COSPLAY演唱會，竟然在校園裡掀了不小的騷動，這是我們幾個屁孩做夢想都沒想過的。但也不知道在那一群興奮難耐的人群裡，是崇拜的眼光多，還是當作自己看了一場「猴子模仿人類行為成果探討」的人多？

就在那次演唱會之後，每逢下課時間我一定會跟同學搶著拿掃把跑上講台模仿伍佰，不管像不像底下總會有一群人跟著瞎起鬨，當時的班導師看我就算模仿不像也每天瘋瘋癲癲的一股腦熱衷，完全沒有國三生的態度，於是有一天語重心長的問我：「余浩瑋，我看你對表演好像很有興趣，如果你還沒決定高中要考哪一所，要不要考慮華岡藝校看看，搞不好有機會可以當真的明星……」話還沒聽完，我腦海裡馬上浮現自己站上萬人舞台、帶動觀眾的畫面……，如果有一天我真的可以變成像伍佰一樣的搖滾巨星，我手上拿的就是真正的電吉他而不是羽毛球拍、底下的觀眾也是真正為我而來的觀眾，而不是穿著制服的中二屁孩……，光想到這裡，我嘴巴都要笑到都合不起來了！

聽了班導一番話後我拚命往輔導室鑽，那時候的升學資訊只能從輔導室的升學手冊裡查。當時學生國中畢業後只有三種考試，總分都是七百分，依難易度來排列分別是高中、五專、高職。華岡藝校屬於高職類，而且學科只要考到四百分就可以錄取，和七百分相較，四百分根本就是從天上掉下來的禮物！

就這樣國三最後一學期，當大部分同學都還在埋頭準備聯考時，我卻每天悠悠哉哉的做著明星夢。果不其然，聯考結束，高職類的學科考試我考了五百七十幾分，雖然成績沒有讓家人非常滿意，但對於要報考華岡藝校不只綽綽有餘，甚至還有得找！當然我爸對於我一心嚮往華岡藝校非常不以為然，他一直希望我去念普通高中或是一般職校，未來才能考好大學。沒有家人的支持，我只好自己單槍匹馬從桃園搭車到陽明山參加第二階段的面試。

實踐夢想的代價？

「你後來有考上嗎？」演講臺下左方的一個女生舉手。

「有，放榜那天我去打公共電話查詢，知道自己錄取的那一刻，我興奮到連電話卡都忘記拿出來，一路在走廊上又叫又跳！一直大喊我上了！我上了！」

「後來有經紀公司簽你嗎？」

「當然沒有，你看我長這樣，經紀公司是嫌錢太多嗎？」我邊自我解嘲，邊比劃自己。

「考上華岡藝校戲劇科，是我生命中第一個有意識自己想要去追求、去實現的夢想。在座的你們活到現在，有實現過自己的夢想嗎？」臺下一片鴉雀無聲。

「其實夢想，並不一定要是一件多遠大的事。夢想，可以是好不容易買到一張演唱會門票，終於能親臨現場看著喜歡的歌手，為你唱著你愛的歌。夢想也可以只是放學時，和心儀的人搭上同一班公車、一起走了一段路然後多說了幾句話多認識彼此一點點。不管在完成夢想的這段路上會經歷過多少，我們永遠都會記得當夢想實踐的那一刻，所帶給自己的力量跟感動。」

這幾年，每當我站上講臺，丟出一個又一個對現實質疑、探究真理的問題時，大多數觀眾不是立刻把眼神飄走，就是不敢張嘴表達自己的想法。在台灣體制教育下的我們，太習慣接受單一的標準答案，反而畏懼讓自己心裡的感受與想法有被分享和看見的可能。

如果說實踐夢想，是驅動生命所需要的養分，那為什麼我們在成長的過程中，每每遇到一件自己想要追求的事情時，總是會遇到很多的質疑與恐嚇威逼？

考上華岡藝校後，我原以為可以名正言順搬到台北唸書、出去見見世面，同時藉機逃離我爸。但就在要去學校報到的前一晚，他卻好像突然從夢中清醒一樣，對於我要念華岡藝校一事開始冷嘲熱諷，「讀華岡藝校以後能幹嘛？」「戲劇科畢業出來要怎麼生活？靠撿垃圾嗎？」「演藝圈很黑暗你不知道嗎？」我當然也不甘示弱回嘴：「就算以後當乞丐我也還是要去唸啦！」這句話一出，他眼睛瞪得老大，父親高高在上的權威哪容得下頂撞，他二話不說馬上抄起掃把狠狠揍我，邊打邊咒罵恐嚇。細棍像雨滴落在我全身上下每個地方，但我心裡卻只要一個念頭：只要熬過這一頓，熬過這一頓我就可以離開這個地方，就可以再也不用過這樣的生活。

忘記打了多久，也不記得我有沒有哭，只記得這是他最後一次揍我。

隔天我離家北上，穿著全新的學校制服，但在西裝外套裡藏著的卻是滿身的疼痛和瘀青。

台北的老師奇怪耶！

來到位在陽明山的華岡藝校已近中午，在校門口被警衛登記遲到時，我遇到了戲劇科主任——面試我的主考官，同時也是改變我未來一生命運的老師——張皓期。

「就是這個人，當時華岡藝校的戲劇科主任張皓期。」簡報上出現老師的相片，西裝筆挺又精神奕奕。

一看到主任我緊張到說不出話來，心想這麼衰小，上課第一天遲到就被主任堵到。我立刻想到國中遲到一定就是直接被拎到訓導處門口挨打，挨打的行情就是一口價，一分鐘一下，沒有優惠也不會加碼。我看看警衛室裡的打卡鐘「十一點十五分」，死定了，算算大概要被打兩百多下，昨天才被我痛毆一頓，開學第一天又要被這種「厚禮」迎接，就算再怎麼年輕力壯，我也擔心我的身體會承受不了呀！

就在我心裡千迴百轉，一臉苦瓜若有所思的同時，戲劇科主任開口了：「你怎麼這麼晚才來？」

「呃，對不起，我睡過頭了……。」我搓了搓手心。

「你從哪裡來的？」

「桃園，今天早上從家裡過來的。」

「還沒在山上找到房子嗎？」

「還沒，想說要通車來上課。」

「這樣不行喔，第一天上課就遲到這麼久，還是趕快在山上找個住的地方吧，好了趕快進教室吧。」

「就這樣？直接進去沒關係嗎？」

「不然你還想怎樣？趕快進教室。」

一時半刻之間我還無法釐清到底是怎麼一回事？難道台北的學校不流行打學生嗎？這裡真的跟桃園很不一樣耶！我帶著疑惑與不解走進教室，對於剛上台北的土包子而言，心裡也說不上來是興奮還是期待，總而言之，直覺告訴我高中這三年應該會是一趟回憶滿滿又充滿驚喜的旅途。

那次在警衛室的會面，是第一次和主任近距離接觸，後來這位主任還給了我更多驚喜。

先從裝扮開始說好了。主任出現在學校的打扮，實在讓人很難不把目光投射在他身上。他總是穿著一件寬大T恤、短褲，加上一頂反戴的棒球帽，如果穿球鞋，看起來就像一個要去打網球的怪大叔！但更多時候他都穿涼鞋，三不五時還會套上一雙螢光綠的襪子！怪異的穿著怎麼讓人相信他就是當時少男少女嚮往的築夢殿堂，堂堂華岡藝校的戲劇科主任？根本就像在校園裡晃來晃去的流浪漢！但詭異歸詭異，也因為這樣的形象，不知不覺中拉進了學生和他之間的距離。

華岡藝校每學年結束都會有期末發表呈現，戲劇科就是要全班合力做一部舞台劇公演，除了表演、導演之外，還會有技術組負責舞台燈光音效、行政組負責行銷宣傳拉贊助。高一下學期期末呈現我被分配到燈光組，由主任擔任指導老師。有次主任出了一項作業，要求每個人從家裡帶一盞燈來改裝線路，把一般家用的電器H插頭改成劇場用的三插頭。

交作業那天，每個同學都很順利的把插頭插進劇場用的燈光插座裡，點亮手中改裝好的燈具，課堂氣氛也從原本考試的緊張情緒慢慢輕鬆起來。那天我帶的是床頭櫃上的夜燈，輪到我上台發表時，我按照主任提供的標準作業流程把燈放好，改裝的插頭插進劇場插座裡，送電，最後把夜燈的開關打開。

原以為可以跟大家一樣順利發表完畢下台，沒想到開關一開，燈泡竟然「轟」一聲立刻爆炸！課堂上所有同學和主任你看我我看你，個個都面無表情不發一語，我心想：「完了！所有人的燈泡都沒問題，只有我的燈爆炸，這堂課不當我還要當誰咧？！」看著噴射出來的絢爛火花和玻璃碎片，我想我的高中生活大概也要隨著這四散的煙塵一樣準備宣告結束。

我傻傻的看著主任，沒想到他只是默默走過來看著我改裝的插頭，摸了摸下巴。

在主任摸著滿臉落腮鬍下巴的短短三秒鐘，我發誓我聽得到自己的心跳「砰砰！砰砰！」的強烈撞擊。

「可能是線路接錯了，如果不行，那就換個方法再試試看，下堂課再發表一次。」「天吶！得救了！」聽到主任這麼一說，我真的不敢相信我的耳朵，原以為會被懲罰的我瞬間放下心裡的大石頭。但也因為眼前怪異大叔的寬容，讓我對於「老師」這個身分開始有了完全不一樣的定義，從此在心裡埋下了一顆種子，靜靜等候日後發芽成熟的時刻。

03

父親的手

「爸爸過世那晚接到一通电話，有三個歹徒綁架了一個年紀和我差不多的女孩。救命！爸爸躺在血泊中，他被砍了十二刀，刀刀見骨，血肉模糊。爸爸走了之後，我活在一盆髒水裡，關在這個現實的玻璃框裡。那天，我駁手破了玻璃框殺死了自己，我讓魚自由了，也讓自己自由了。再見。」

——二〇一〇年，第十屆花樣戲劇節

斗六高中・青樓劇坊《拾夢的下一個是誰》劇本

學生時期，我對老師的印象總停留在「考試考不好會打人」，還有手上老拿著竹棍、木條這樣的框框裡。國中時，學校或許為了方便統一「管理」，所以常用「嚴刑峻罰」來伺候我們這種不愛念書又叛逆的「壞學生」。

舉例來說，我的某一任數學老師可威了，他常常會在考試後為成績不及格的同學提供「鞭策」服務。發成績單時，老師會把班上成績名列前茅的十名同學和不及格的同學同時叫到講台前，面對面分兩排站好，然後要大家把雙手都伸出來，不及格的這一排會慘遭座椅木條的打手心痛擊，然後在一片哀號四起的「料理」之後，他會放下手上的木條，從口袋裡拿出一個裝滿零錢的底片盒，走到成績前十強的同學面前，一人發一個十元銅板以示嘉獎。

那時候我總是會出現在被鞭策的黑名單裡，然後日復一日看著「兩岸」同學完全不同的境遇，「不會念書就該打嗎？」「成績不好就沒出息嗎？」心裡總有一個小小的聲音，對於這樣的獎懲制度帶著難以名狀的質疑，但是又不知道該向誰傾訴，畢竟大人總是在我們提出問題的時候，搬出那一千零一句亙古不變的台詞：「把書讀好，盡好學生該盡的本分就不會受到處罰。」

成長路上，有太多疑惑遍尋不到解答，所以「叛逆反骨」就成了抑鬱青春的唯一出口。

相對之下，我在唸華岡藝校戲劇科時因為需要排練，得常跑科辦公室借器材、借場地，如果找不到指導老師就沒辦法順利練習，而皓期主任即使不在座位上也總會留下手機號碼，讓學生不會因為找不到他而錯失練習機會。常常我們排練到很晚，他也會陪伴我們到最後一刻，讓我們有可以諮詢意見的對象。那時我覺得這老師真的很不一樣，有一種很讓人欣賞佩服的吸引力，讓人很喜歡也很心甘情願的當他的學生。也是一直過了好多年以後，我自己在陪伴高中生的過程中才恍然明白，老師選擇給予學生傾聽與尊重、用適度自由取代教條式的威權管理，而這些，都是正值青春年少的我們極度嚮往，但卻被整體環境侷限束縛的。

戲劇科學運事件

一九九五年，在我入學的前兩年，華岡藝校曾經發生過廢校事件，後來由台北市政府教育局以管理委員會正式代為管理華岡藝校，學校的管理階層與師資也同時進行了大換血，皓期主任就是在當時進入了華岡藝校。

一九九八年四月十三日，台北市政府教育局宣布讓華岡藝校再度擁有自己的董事會，校園內除了學生、硬體設備和建築物之外都將再次進行大洗牌，學校裡所有我們喜歡的術科老師也都將會「被迫離開」，名單中也包括最受戲劇科學生喜愛的皓期主任。

「說到這裡，」我環顧台下每位聽眾，「我想先問一個問題，如果在追逐夢想的道路上遇到阻礙，你會怎麼做呢？」這次我學乖了，我直接請一位眼神沒有閃躲的同學回答。

「穿紅色衣服的同學，就是你了。」

「我不知道耶，我好像沒有這樣的經驗過……。」

「怎麼可能？你都沒有遇過需要你試著為自己做一些決定的時候嗎？」

「我大部分都是照父母或老師的安排，他們希望我怎麼樣，我就照他們的想法去做。」

「這樣，」我停了一下然後說：「很多時候我們面對事情時，會花太多時間糾結在自己『適不適合』上，但或許自己真正喜歡什麼，那才會是你所要追尋與發掘的生命指引。我們不能說按照他者的期待或安排去使用生命是錯誤的，但我們終究是要回歸到自我內在的探索，才能找到驅動你不停成長的動能。」

「那你自己如果遇到這樣的狀況，你會怎麼做？」遠方一個男同學問。

「當然是跟他拼了啊，我個性這麼硬，還需要問嗎？」看到台下同學因為我做了一個充滿狠勁的模樣而嘴角淺淺上揚之後，我把時間拉回到一九九八年——那個埋下了我被退學的導火線，進而改變影響我一生命運的夏天。

「聽說皓期主任下學期要被學校換掉了！」

「學校好像要把戲劇科重整耶，整批老師都會走掉！」

「聽說好像連校長都會換人，整個學校好像都會不一樣了！」

高一下學期結束前不知道從哪裡傳來的風聲，沸沸揚揚傳著整個學校都會改朝換代的耳語。消息傳進戲劇科，搞得從高一到高三大家人心惶惶。

某天班上一票男生和高二學長躲在角落抽菸時又聊到這個話題，原本繪聲繪影的傳言就在吞雲吐霧間得到了證實。當天放學一票同學跑去向主任求證，主任也明白告訴我們他確實會因為學校管理階層的異動而離開學校。一瞬間科辦公室裡髒話漫天飛舞，在場沒有一個人不出聲咒罵這樣令人難以接受的事實，大家你一言我一句接力的發洩情緒。就在同時，一個高三學長突然說出：「我們來搞一場學運吧！」

那時我根本還搞不懂學長口中的「學運」究竟是什麼意思，大家就開始興沖沖的討論著各種可能、組織方式、行動計劃，甚至反間情蒐等，要在新學期開始前祕密進行學運大業，目的當然就是搶救我們喜歡的老師，讓他們可以繼續留在學校。

學運的計劃開始傳開，組織規模也從原本一票男生擴大成戲劇科三個年級都有學生參與，而高三的學長姐們也因為見識過當年的廢校風波，所以大家都一副蓄

從跌跌撞撞的摸索到漸漸看清夢想的樣貌，誰的青春不是這樣過來？

勢待發的模樣，後來甚至連美術老師秦政德也一起下來跟我們分享當年他身在「文大美術系事件」[註1]之中所有的經驗傳承，並帶著我們發想許多執行方式。當然，也不是所有同學都如此熱衷，甚至很多人選擇保持距離，畢竟這是在和整個學校體制作對，這樣充滿未知恐懼的行動似乎離「學生本分」太遙遠。而對我來說雖然還搞不清楚「學運」這兩個字的意義到底是什麼，但是我清楚知道的是，這些對學生很照顧、尊重我們意見與想法的老師，不應該從我們身邊輕易地被剝離。

被學校掃地出門

學運抗爭從期末延伸到暑假結束前，我們利用下課時間躲在戲劇科作布景的工廠內，用剩餘的木頭和材料做了很多標語，想在新董事會來到學校進行器材點交時表達我們的心聲。

美術老師帶著我們把巨型白布拼接起來，從四樓外牆垂掛至一樓，上面用鮮紅的油漆寫上我們的訴求。學長姐排練了行動劇，用意識形態的喪禮象徵學生權益已死，有人組樂團寫歌唱出我們的感傷，也有人透過圖畫作成T恤，穿在身上宣告立場。除了校內的抗爭行動之外，我們也在台北市政府前舉行記者會向教育局遞交聲明，甚至還到校董會陳情抗議發生了推擠的衝突，但校方持續不予理會。新校長到任那天，我們邀請她到戲劇科排練場和學生對話，但得到的結果是一切已成定局，老師們非走不可。

那是學運事件的最後一場行動，聽到訴求被駁回之後所有人都慌了也急了，已經想不出辦法的我們只好躺在地上，用身體擋住走道，希望校長可以回心轉意。但一群未成年的青少年哪裡擋得了體制的定案強權，校長帶來的隨行人員把我們一個個從地板上拉開，清出一條道路讓校長離開，過程中有人尖叫吶喊、有人放聲

哭泣，但就是沒有一個大人願意為我們停下腳步。所有的心願與努力化作泡影，行動以失敗宣告收場。那天下午大家在排練場裡用淚水紀念一段青春歲月中最哀傷的成長。

「那你們有人被記過處分嗎？」一個瘦小男生的提問，把我拉回此刻演講的時空。

「我不記得有沒有人被懲處，不過事件落幕之後老師離開了學校。有一次他問我有沒有從這次學運獲得什麼？我回答他『獨立思考』。那時我並不知道這四個字對於台灣教育內的學生有多重要。但長大之後，回想十幾年來所有受教育的場景裡，讓我最有印象與收穫的時光反而都不是在課堂上。那次在大人眼中離經叛道的學運事件，卻是打開了我思考啟蒙的重要契機。」

思考，這件事情是很重要的，畢竟腦袋不是用來長頭髮的，不是嗎？

「可是你不是說你被退學了嗎？」瘦小男生接續問。

「是啊，升上高二後學校給學生的自由度其實限縮了不少，比如說中午不能買外食、放學後若沒有事先申請不能留校排練，但學運事件對於我的影響其實沒有退去，不過我卻選擇用不合作的方式向制度抗爭。」

「是像甘地那樣的不合作運動嗎？」瘦小男生連三問。

「當然不是啦，我只會用最幼稚的方式跟學校作對，比如說規定要穿長褲，我就天天穿短褲去上課；覺得新來的老師教不好，我就直接在課堂上跟他對罵。過不了多久我就成了老師的黑名單、學校的眼中釘，加上我也常缺曠、違反校規，很快的我就連續兩個學期操性成績不及格，被留校查看兩次。但混啊混的也混到了高三，我的叛逆因子也來到了最大值。學測時，我完全不管作文題目是什麼就在稿紙上寫了一堆批判的話，收到成績單時竟然拿了零分！然後在下學期要開學前的返校打掃日，我竟然在佈告欄上看見了我的退學通知。」

退學的消息很快就被家裡知道了，我先是接到了我爸的電話，電話裡他一邊咆哮，一邊翻出所有舊帳把我大罵了一頓！他來學校辦理退學的那天上午，我依然像隻七月半的鴨子不知死活，在教室裡跟同學打鬧。等到他從辦公室走出來，跟我說他保不了我了，我才知道事情的嚴重性。

走出校園時，我還一臉不屑自顧自的走過這兩年多來熟悉的校園走廊，我爸照例把我罵了一頓，但這次他卻沒有打我，反而告訴我不管怎麼樣都一定要把高中念完。他會想辦法幫我找到其他學校收留我，讓我不用降轉也能繼續把高三下學期順利讀完。

「要把高中念完，才可以考大學知道嗎？」爸爸當時的這句話與其說是在告誡我，我更覺得他其實是在說給他自己聽。對他來說，自己唯一的一個兒子只有把書念好念完，才有出人頭地的機會，才有可能不要走上他的後路。

我傷透了爸爸的心

那時台北有戲劇科系的學校不多，爸爸好不容易幫我找到一間位在信義區也有演藝科系的學校，願意讓我們過去談一談。走到新學校門口時我還在鬧脾氣，我告訴他沒有學校要收我也沒關係，我去外面打工也可以過日子，不一定只有念書才會有未來！我爸生氣的大罵：「照你這種個性以後出了社會能做什麼？去外面混嗎？那我看你將來不是死掉就是去坐牢！我都為了你做了那麼多了，你到底還想要我怎麼樣！」我們兩個就這樣在新校園的中庭裡相互叫罵。

一陣咆哮之後，我看到他舉起了手作勢要向我打過來，我下意識緊張地閉起眼睛伸手要阻擋，但是這一次他的拳頭卻沒有落在我身上，反而是搥向了旁邊的牆壁。那一刻我傻住了。我驚嚇的不是拳頭搥牆所發出的聲響，而是長這麼大以來，我第一次真正感受到父親對我的關心，還有因為我的不懂事所帶給他的焦急。我看著爸爸紅腫的拳頭，心裡升起一陣歉疚，對著他小聲的說了聲對不起我知道錯了。他只告訴我沒關係，等等他去和老師們談的時候我只要在外面等他就好，不要亂跑。

爸爸收拾好情緒後推開辦公室的門，走了進去。

我站在辦公室外面，隔著玻璃窗看著那個從小到大對我恐嚇威逼、拳打腳踢，形像總是剛烈又讓人恐懼的父親，對著一群我不認識的人不停鞠躬哈腰。前一刻，我還幼稚的跟他大吵，而這一刻我卻突然覺得自己的性格是如此惡劣到連自己都不想原諒自己。就在我羞愧的想要抱著爸爸跟他說對不起的下一秒，我又做了一件會讓父親氣到要放棄我的蠢事。

就在他走出辦公室去洗手間的空檔，我推開了那扇陌生的門，走進去指著未來可能會是我學務主任的人的臉說：「我告訴你們做人不要太過分！你們剛才敢欺負我爸，我才懶得管你們到底要不要收我，反正我就是不會來念你們這間學校！」說完之後我用力甩上辦公室的門，氣沖沖的走到校門口等爸爸出來，準備告訴他我替他出了那口被人看不起的鳥氣。

沒幾分鐘後爸爸走到校門口，我才正要說出剛剛發生的事情，他就先告訴我他已經跟學校老師談好了，很有機會可以在這裡把最後一學期讀完，要我一定要好好珍惜，千萬不要把最後的機會搞砸了，不然將來沒學校唸就慘了。

他一邊說著這些話，一邊牽起了我的手，我們一起走在飄著細雨的基隆路上。這是我有印象以來第一次被我的爸爸牽著手。爸爸的手掌很厚實，雖然他曾經因為工作傷害斷了左手的無名指，但是握著我的時候仍然非常的溫暖而且有力。我哽咽著說不出話來，強忍住的眼淚不是因為父親慈祥的愛，而是我一次次讓他失望傷心的悔恨。那一刻我根本不敢告訴他我剛才的所作所為。走到路口，爸爸告訴我他要先回桃園了，叫我自己回陽明山上把東西整理好，

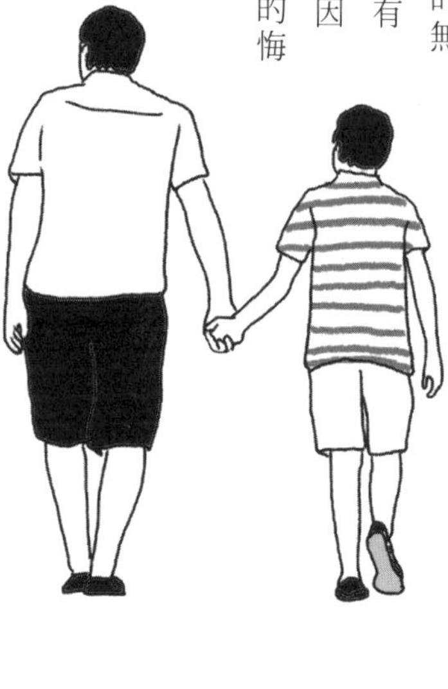

我忍耐壓抑著胸口的懊惱情緒，承諾爸爸我會乖乖聽話，然後目送他離開。就在他身影消失在眼前的下一秒，我顧不得自己站在熙來攘往的馬路旁，跪倒在地上放聲痛哭。

氛圍又沉靜了下來。

「那後來呢？你爸知道嗎？」台下傳來一個女生的聲音，我沒有仔細看是誰的發問，盯著手上的簡報筆。

「後來我回到山上，鼓起勇氣打電話告訴他我做的事，我爸氣到說不出話來，最後冷冷的告訴我你要怎樣就怎樣吧，你也不要回來了，我拿你沒辦法了。我聽著電話那頭的聲音，無力又帶著疲憊，我知道這一次我真的搞砸了一件事，也真的讓別人很傷心失望，而那個人就是我自己的父親。」

我抬起頭繼續說：「後來我在台北流浪了一段時間到處打工，我跟朋友去過工地、也在街頭賣過郵票，但是每一樣工作都做不久，不是自己沒耐心就是容易和別人起爭執被開除，雖然我知道就算再慘也還是有家可以回去，但是我告訴自己不能就這樣回家，因為我還沒有做出一點成績，但問題是，我根本就不知道我自己到底要幹嘛。」台下沒有一點聲音。

就在我生命最低落徬徨的時候，我的老師張皓期打了一通電話給我，他說：「聽說你被退學啊？有沒有找到工作？我最近成立了一個新的劇團，如果你有興趣的話要不要來我這裡上班？」

註1　一九九四年二月，文化大學美術系學生秦政德，和同學發起成立「藝術法西斯」畫會，提倡自由獨立的創作精神。時任美術系系主任卻聯合系上老師，讓該生在大四上學期二分之一學分不及格被迫退學。在經過多次強烈抗議、爭取當事人權益不成功之後，學生發動美術系罷課。教育部在學生長期罷課的壓力下，開始介入調查，秦政德才因此獲得平反，破例復學。美術系系主任並因此下台，震撼了教育界和文化界。

十五、六歲的我參與華岡藝校學運時，學校師長對於我們參與學運提出了諸多提問，包括被記過怎麼辦？有沒有替父母親想過？有沒有替自己想過？我大多都只回答的出來：「我們希望主任不要被換掉。」雖然當下我能用的語彙與思考的範圍不夠深遠，但這也就是我參予這場行動最重要的核心與訴求。參與學運看起來相當違背一般禮教，但讓自己有機會把身體與生命放在那樣的洪流中，卻是一段經歷非常不同的成長。

青藝盟舉辦花樣十六年來，我們從最初讓年輕人透過戲劇演出他們的校園青春生活，滿足他們對戲劇的渴望、提供一個在教室、課本之外的學習平台之外，也逐步走向希望能陪伴年輕人，讓他們有更多的機會去觀察、參與自己周遭的生活和台灣社會。因為只有當自己真正的去接觸參與、探索思辯時，也才有更多可能擁有「獨立思考與判斷」的能力。而這些和課本裡為了應付考試、應付家長、應付自己，一背再背的填鴨知識相比，是不一樣的。

二〇一二年，第十二屆花樣的劇本創作主題設定是「社會正義」，當時不只是師長、父母提出質疑，連青藝盟的團員大都對這樣的題目感到疑惑，我們要如何帶領高中生讓他們跨過現行教育體制內學到的知識，去討論一個這麼敏感、爭議，甚至是連自己都不清楚的題目？從那一年開始我自己試著去參與、理解許多社會議題以及抗爭的聲援，走進現場實際的理解這些抗爭所為何來？試著去理解這些生命沉重的吶喊，我想的是，如果我們不懂，那就試著去接觸讓自己懂。

近年來，我和很多曾經參與花樣的年輕人在街頭上重逢，我看見的不是盲目與不理性，而是他們正在嘗試用自己的選擇去尋找想要的理想世界。我們都會一邊聲援、彼此支援，或是聊聊近況敘敘舊。在這些街頭的相遇中，我可以先不管每個人是選擇了什麼樣的立場參與在其中，最起碼他們都能夠擁有自己的勇敢與追求，而這才是對自己最有幫助的收穫。而這不是我們期待透過教育，能賦予孩子們的嗎？

中科四期搶水

04

作戲的孩子不會變壞

「我從小就有夢，為了這個夢我可以不顧一切去追尋。我失敗過，但我勇於承受這份失敗。我不屈服命運，而這份不屈服，讓我現在可以做其他自己想做的事。雖然生活是苦了一點，不過能做自己的主人，就算生活苦，有時也是一件非常幸福的事情。」

——二〇〇八年・第八屆花樣戲劇節
明倫高中・親愛的戲劇社《無法冒險強迫性行為症候群》劇本

接到電話後沒幾天，我收拾好全部家當，來到劇團上班。

這棟位在捷運芝山站附近小巷內，五層樓高的透天厝，就是我未來落腳的所在。「新世代劇團」的劇團經理也曾就讀華岡藝校，是一位大我五、六屆的學長，他帶我上上下下介紹完整棟建築物後，帶著我走到一樓排練場，打開旁邊一扇小門說：「這個房間是團長要留給你的，以後你可以住在這裡。」

偌大的劇團在地下室，一樓有兩個排練場、有辦公區、有交誼的空間、有放滿燈光音響的器材庫房，還有我自己的小房間。我站在門口用力的大吸了一口氣，空氣中裡帶著準備迎接新生活的一點刺激冒險。我余浩瑋，高中沒畢業，西元二〇〇〇年踏入劇場界，月薪雖然只有八千元，但是這個小房間將結束我流浪徬徨的青春年少歲月。

「你在那邊碎碎唸什麼？」劇團經理一臉疑惑地看著我，然後帶著我走上二樓辦公室開始說明我在劇團裡工作的大小事務。從那天起，我正式成為台灣藝文工作的劇場生力軍！

你只配留在劇團掃廁所

說是在劇團工作，但其實大多時間我都是負責打雜的事情，比如整理器材、處理文書資料、幫團長跑腿辦些小事、派我去別的劇團協助技術工作等等。雖然沒有什麼挑戰性，但也不會沒有成就感，因為除了我之外，皓期主任也找了一些當初班上的同班同學畢業後一起工作，每天大家攪和在一起，玩樂打鬧總多過於認真工作。

工作了幾個月之後我開始發現怎麼每次開會時，都沒有人徵詢我的意見，我被分配到的工作都只要負責做紀錄就好；不管是出去外面談事情還是要去聚餐，我都不會被主任帶出門；劇團演出要甄選演員，我也被直接告知不用參加面試，要我乖乖做幕後助理就好。這些事情都讓我覺得非常不是滋味，「為什麼大家都在劇團工作付出，但是我總是唯一那個不被看見也不被重視的。」時間越久，我內心越不平衡。看著同期同學一個個獲得有趣的工作機會以及劇團長輩們的信任，我心裡的不滿情緒不斷擴張。那段時間我常擺著一張臭臉工作，也常常在劇團裡擺臉鬧脾氣，跟大家也漸漸疏遠，常常一下班我就躲回小房間裡發呆聽音樂、自怨自艾地在自己的小世界裡感受孤獨。

最讓我覺得意外又難受的是一次劇團公演。公演前幾天，所有的劇團人員與演員都在排練場裡等待皓期主任分配演出工作。

主任按順序宣布每個人要負責的職務與注意事項，有人幫忙服裝、有人協助設計師做技術助理、有人在後台機動待命。但輪到我的時候，我聽到的竟然是「余浩瑋，你留在劇團裡把廁所掃乾淨。」主任話才說完，整個排練場裡的人馬隨即發出哄堂大笑，幾個比較好的同學也紛紛你一言他一句的開始吐槽我。我以為主任在跟我開玩笑，心想我好歹也會一點燈光技術，讓我進劇場工作也有我可以幫得上忙的地方呀！怎麼可能要我一個人留在劇團掃廁所？

「主任你說的是真的嗎？」我強忍住被訕笑的不堪，滿臉脹紅地又再追問了一次。

「對，劇團裡面從上到下的廁所都要打掃，尤其是排練場的，要洗乾淨一點。」

主任一派輕鬆的回答完我的問題，我則是氣到什麼話都聽不進去。站在排練場角落的我強忍被羞辱的心情，心有不甘的憤怒在急促的呼吸中不斷翻攪胸口。

會議結束後我獨自走回自己的小房間裡，看著自己凌亂的房間，只差這麼一點點就要難過地流下被退學之後的第一滴眼淚了，但我也不知道哪裡來的想法，竟然拿起手機撥了通電話回那個我已經好久沒有回去的家。

「喂，找哪位？」是爸爸接的電話。

「爸，是我。」

「喔，怎麼了，有什麼事？」爸爸的語調突然變得冷淡。

「那個……，我們過兩個禮拜劇團有公演，我想問你們有沒有要來看？」

「你有演嗎？」口氣依舊冷淡。

「沒有，這次……我做燈光……」我還是不敢講出事實，其實「你兒子只是個掃廁所的。」

「那你叫我去幹什麼？」爸爸已經露出一副不想理我的口吻。

「我想說你們也可以來支持我們劇團啊，這次的表演是歌舞劇很好看啊。」

「要賣票就自己想辦法，有本事就不要打回家裡來叫我們去看，自己選擇的路自己負責，我有事我要去忙，我叫你媽跟你講。」

爸爸一眼看穿我的目的，又冷冷的補了我一刀。當下我根本也沒有心情再頂嘴，雖然那時已經十八歲了，但當下只覺得自己成了一個沒有人要的小孩。

「浩瑋啊，」電話那頭傳來的聲音，是我好久沒有見到面的媽媽。

「媽……」喊完這一聲，我沒有再接話，但眼眶已經滿滿都是淚水。

「你如果累了的話，那就回來吧，回來吧，不要怕，知道嗎？」

「好，我過年會回家。」

掛上電話後，我一個人在小房間裡放聲大哭。明明就走在夢想之路上的我，因為自己的叛逆被搞到退學、和父母親的相處也被自己的不懂事頂撞降到冰點、現在連在團體工作也莫名其妙成了一個最被看不起，最被忽略的人。哭到聲音都沙啞的我開始邊摔東西，看到的椅子、桌子、衣架通通拿起來砸，彷彿只要在現在這個難堪的空間裡敲出一個洞，就能打破自己身處的迷惘牢籠。

也不知道這樣又吼又叫過了多久，牆壁沒有被我打破一個洞，但是房門卻被打開了一個縫。

周處除三害？

「余浩瑋你還好嗎？」門外傳來阿信的聲音。

「阿信」是我高中的死黨，畢業後也被主任找來劇團負責行政的工作。因為和她非常要好，所以在她問完我為什麼要把房間搞得像炸彈炸過一樣之後，我就把這陣子所有的心情一五一十全部告訴她。

「你說的我都明白，但你有沒有想過這段時間你在劇團工作都是怎樣的狀況？」

「我都很認真在做事啊……。」

「你放屁啦！你不看看你自己就住在劇團裡面，結果每天上班都是你最晚來，工作的時候如果一不開心就自己跑去外面放鬆，別人要找都找不到你。然後主任叫你去外面幫忙作技術，你老大照樣遲到就算了，別人唸你兩句一不爽就跟別人吵架，你知不知道那些人都是前輩啊，你自己沒禮貌就算了，可是你有沒有想過出去就是代表劇團，人家不喜歡你可以封殺你不用你，但是劇團的名聲被你弄壞了怎麼辦？」

「喔天啊，你可不可以不要那麼會唸。」

「拜託，我都還沒有說你常常週末偷偷找朋友來劇團開趴的事咧！」

「蝦？！你怎麼知道？」我明明都趁沒人的時候才會把我那些死黨帶來玩啊！

「廢話，你們好幾次玩完垃圾都不收，排練場裡面都是菸味酒味，就只有你一個人住在劇團裡面，誰不會發現啊？你自己作劇場的明明就知道排練場裡面不可以飲食，你竟然還在裡面抽菸喝酒，你到底有沒有搞清楚你自己在幹嘛啊！還有你們幾個男生不要每次主任一不在就開電腦連線打電動！講你們好幾次了都講不聽！最愛瞎起鬨的就是你啦，平常都在鬧，誰開會的時候會想聽你的意見啊！」

阿信越講聲音越大，把我平常工作的惡行惡狀通通描述了一遍，我的頭則是越來越低，眼神看著地板，像是個做錯事的小孩一樣聽著訓話。這一刻我才知道原來我平常在別人的眼裡竟然是這種模樣……。

「所以是主任叫你來跟我講的嗎？」阿信唸完我一會兒之後，我開口問她。

「主任根本就沒有叫我來跟你講這些事，是我自己看不下去所以跑來跟你說的。」

「我知道了……。」

「你知道什麼？」

「就跟你說我知道就是知道了咩！你還故意一直問！」

「哈哈，好啦，我只是要跟你說主任其實真的對你很好，你自己要改一下你缺點的部分。那你把房間收一收，等等出來整理要演出的東西。」

阿信離開了之後，我認真的檢討了自己，原來很多時候我自己以為的直率、不拘小節，在別人眼中卻反而成了我行我素的惡行惡狀。想著想著突然覺得自己好像那個想除三害的周處，到最後才發現我自己才是那個最讓人頭痛的傢伙。我決定不要辜負主任收留我的一片苦心，也不要再當一個扯別人後腿的人，我也想要做一個可以被信賴被託付的對象。

「那你到底有沒有去掃廁所？」這句話才說完，我都還看不到是誰發問的，台下馬上傳來高分貝的大笑。

「欸欸欸，你們不覺得你們有點沒有同情心嗎？我才剛說到要反省，這麼重要的情緒轉折，一個人會檢討自己可不是一件簡單的事呀！結果你們馬上給我吐槽！你看看你們眼睛現在每個都給我這麼專注，是要我情何以堪？」自我解嘲一番之後我繼續說。

阿信跟我聊完的當天，我就去把廁所刷乾淨，而且非常非常用力、努力的刷。進劇場演出時，老師還是只要我去協助燈光組。演出結束之後，他也開始丟一些我從沒接觸過的任務要我去做，比如叫我作劇團的網站。

拜託！那個時候我連電腦都不太會操作，不是打電動就是看色情網站，再不然頂多用 WORD 打一些會議紀錄而已。

我問老師怎麼做？他只告訴我如果不會就去書店找工具書回來自己學。就這樣我在自己學習，還有不斷請教別人的過程當中，架起了劇團的第一個網站。雖然陽春，但是該有的介紹、資料都有，當然那比不上現代的網站，不過對當時的我來說的確是很有成就感的一件事。

「其實」我說，「在你們成長的路上有沒有遇過有些人很奇怪？這些人希望我們能夠有成就，要我們以很多成功人士為學習典範，但是當我們像那些所謂成功人士一樣想要依著自己的興趣去走一條屬於自己的道路的時候，他們卻又會跳出來說要我們不要跟別人不一樣。」

「我知道！他們都只希望我們達成最後的成果，卻沒有看見在這一路上是需要經過很多自己勇敢的抉擇一樣！」一個短髮戴眼鏡的女生立刻接話。

「對啊，像賈伯斯他也是這樣開啟他創業的路的。」旁邊的女同學緊接著回應。

「講到這裡你們就有感覺了喔！都有切身之痛的經驗喔。」我調侃他們。

「長大之後我才真正明白一件事。原來老師他真正給我的幫助不是在我退學後收留我，而是帶領我去找到我的興趣，然後願意給我機會去嘗試、去學習，甚至是包容我在這條探索路上所犯的錯。」

「老師不因我的成績否定我，反而在我最需要的時候拉了我一把，讓我在課本以外的世界裡漸漸找到我自己的價值。」我按了下一張簡報「花樣年華全國青少年戲劇節」幾個斗大的字打在前方的投影幕上。

「所以接下來，我要跟你們聊聊一個全台灣規模最大、歷史最久的一個青少年戲劇節，舉辦這個戲劇節是一件我做了十五年從來沒有間斷過的事。但也因為這件事情讓我到目前為止揹了上百萬的債務，但我從來沒有想過要放棄，因為我看到也相信它存在的價值！」

在我二十幾歲初頭時，對於成為「台灣藝文工作的劇場生力軍」是充滿幻想的，我幻想自己可以像國中開演唱會時那樣，站上舞台，在精采演出後接受喝采，但在這裡，事實卻不是這樣！

以「理想」狀態而言，每個劇團內的人力配置最好是能細分為：製作、行政、行銷、技術、創作、演出等各項分工，各司其職來帶動劇團的營運。但相對的，這些職務所必須要付出的人事薪資成本也相對非常驚人可觀。所以在國內的藝文工作環境條件下，中小型團體大多都是一個人要身兼數職，比如位於竹圍成軍至今快二十年的「身聲劇場」，以獨樹一格的音樂肢體表演風格見長，而其團員就都是身兼表演，與幕後技術、平面、舞台設計、劇場行政等的全能團員。而像「雲門舞團」的團員則是各司其職，團內有專職的幕後技術人員、專職的表演者，讓每個人都能專注在自己的工作領域內。

回過來看，以青藝盟的專職團員為例，大多都是能同時包辦行政、行銷、演出製作、技術執行，但又擁有基礎劇場教學能力的夥伴。從花樣出來而後進入青藝盟的團員，大多都是先對劇場技術工作（燈光、音效），或是製作花樣有興趣的高中畢業生。進入青藝盟後，我們會提供初階培訓，待其擁有基礎工作能力後再媒合至外部進修、實際參與更進階的實習與業界實際工作。然後再將所學帶回到劇團內，教導新進團員以及花樣學員。

透過劇場團隊合作，我們每個人都在影響身邊每一朵花每一顆種子

但是，對於大部分還是大學生的青藝盟團員來說，每個人身上都要負責做這麼多事情，是非常吃力辛苦的。二〇一二年某一次的團隊內部會議上，團員皓揚就曾經因為負擔太重而情緒爆走。當時他對我大吼：「就算憑我們這樣一年一年辦下去，頂多一次也才帶的到幾百個高中生而已，台灣一年的高中生有多少人啊？！花樣就算辦到了一百屆也永遠教不完台灣的高中呀！我不明白我們這樣做到底會有什麼意義？」

第十三屆花樣，很多團員因為升上大四無法繼續留在團內，皓揚也是其中一個。在離開前，他打了一通電話給我，跟我說他要先暫時撤退，一方面是因為課業，一方面也是他有一個機會可以去國外學習電影製作。他說在劇團裡待了這麼久，就算離開也應該要好好跟我說一聲。聽到他這麼說，我心裡很訝異，但也有一種說不上來的感覺，或許是溫暖。

二〇一四年，劇團面臨人力吃緊的問題，當時我們找回了有劇場經驗的皓揚擔任演出總舞監（舞台監督），由他來帶領當屆所有十七個團隊進劇場完成演出。總舞監不是一項簡單的工作，必須從前製期開始參與，和每個團隊做好溝通聯繫，進劇場的時候也是最辛苦最累的一個。不過皓揚將這項工作做得非常稱職。

每次看到他在演出前和同學們在舞台上圍成一圈，彼此鼓勵打氣的姿態，我就會想起他大暴走時我回答他的話：「花樣當然無法接觸到每一個高中生，但是如果花樣的年輕人能因為參與花樣的過程而有所改變，他們就能成為生活中去影響周遭的人。」

或許皓揚有聽進當時的這番話，因為看看他現在的樣子，雖然偶爾會講話破音，不過他說的每一句話激昂又有力，我相信不知不覺中他不僅安定了每個參加花樣演出的高中生、凝聚了青藝盟每一個團員的心，也在影響著身邊的每一朵花和每一顆種子。

-10,000,00

PART 2

作戲的是傻子

此刻我就像在經歷一趟冒險，雖然終點未知，但我知道這是我渴求嚮往的方向，因為當我睜開雙眼，眼前看見的已經不再是迷茫。

失業

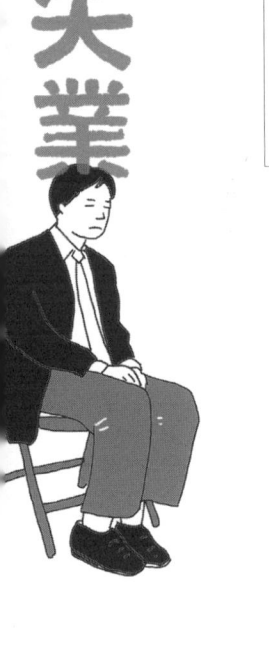

05

花樣年華
青少年戲劇節

「燃起鬥志，時間差不多了，等一下石老闆就要來了。現在啊，幸福村的村民都開始生病了，還越來越嚴重，這樣不行，再這樣下去，村民一定會被我害死⋯⋯等一下我一定要說服石老闆，叫他把工廠拆掉。」

——二〇一一年，第十一屆花樣戲劇節
基隆女中・這個戲劇社《實話》劇本

西元兩千年末，劇團的第二部公演才剛落幕沒多久，皓期主任就在某次例行會議上投下一顆震撼彈：宣布劇團即將進行一項新計畫。

當時團裡上上下下每個人都還沒從演出的感動與疲勞轟炸中抽離，所以在主任興致高昂的宣布時，大家都投以冷眼回應。但是當主任口若懸河一口氣說完藍圖的全貌與構想時，整個會議室瞬間熱絡起來，新計劃就鼓譟的在一來一往的想法拋接中準備啟動。

「集合大北地區的高中戲劇社一起辦公演？這也太瘋狂了吧？這樣要演幾場？團隊要從哪裡找？」率先提出疑問的是阿賢，能演又愛耍寶還會做技術，堪稱劇團裡的搞笑一哥，誰也沒料到當時以搞笑為第一專長的他，幾年後竟然接下屏風表演班多部戲的舞台監督一職！

「我覺得這樣很酷欸！就很像台灣版的戲劇甲子園！」火旺立刻附議，他是我高中同學，雙子座鬼點子特別多，因為熱愛棒球，高中時加入了學校棒球隊，甚至還去打過金龍旗！

「那要在什麼時候辦啊？應該會花很多錢吧？劇團剛演完戲，還有錢做這件事嗎？」阿信冷靜務實的提問，下一秒就撲熄了火旺的興致高漲，表情瞬間垮了一半。

「浩瑋，你覺得怎麼樣？有什麼想法？」主任突然把問題丟向我。

「呃……我覺得蠻好玩的呀，……感覺很有趣，可是為什麼要做這件事啊？劇團自己演自己做的戲不是很好嗎？」天知道我根本沒有什麼想法，只好硬擠了個回應出來。

「台灣的高中職體系裡有專業戲劇科的學校不多，但是對於戲劇表演有興趣的高中生其實為數不少，因為名額有限，所以並不是每個人都有機會可以進入科班學習。雖然現在高中職都有社團，有些學校也有戲劇社，但畢竟只是學校社團，資源相對不足，就算想學戲劇也沒有機會接觸專業的師資、器材，甚至連成果發表也很難有在正式劇場裡體驗演出的機會。」

主任邊推了一下眼鏡，邊說出他的想法。雖然他的語氣輕鬆，但當時我卻是聽得一蹋糊塗。他大概是看懂了我的疑惑又繼續補充下去。

「簡單來講，你們都是讀戲劇科出身的，大家一起完成一部舞台劇的經驗你們都有過，而一般學校社團的資源不比科班，雖然條件有限，但是他們想要實現演出夢想的真心，和你們是一樣的炙熱。如果演出沒有舞台，我們就幫他們打造；沒有宣傳我們就來想辦法做，沒有師資我們就下去教，沒有經費我們就找錢募款。

這個戲劇節如果辦下去了，我們就能夠帶著這些戲劇社的年輕人一次完成上百個人的夢想。」主任的話才剛說完，火旺的雙眼燦爛到好像發出雷射死光一樣，立刻興奮的接著說：「對呀！現在的戲劇比賽大部分都是十分鐘左右的短劇，如果我們辦一個要用正式劇場演出規格的青少年戲劇節，那我們就會是台灣第一個了耶！」

「喔！那一定要辦頒獎典禮啊！這樣才帥啊！」阿賢也開始想點子。

「對啊！那頒獎典禮那天我一定要穿西裝！打領帶，大家一起啦！」火旺往我這邊看過來，對我擠了一個是「一起穿聽到沒，不然不是兄弟。」的表情。

「呃，可是我沒有西裝，也沒有領帶欸……。」我面有難色的回應。

「你們是有完沒完啊？正事都還沒講完你們就討論到那裡去！辦這樣的活動一聽就知道要花不少錢，有時間打屁還不如想一下錢的事情？！」阿信跳出來打斷我們幾個毫無建設性的對話。

「錢的事情我會來想辦法，看是用申請經費，還是找人來支持贊助，活動的執行內容我也會儘快擬好，你們這禮拜也集思廣益一下，幫這個戲劇節取個名字，然後想一想在這個活動裡還可以做一些什麼有趣的事情，下次開會我們就來把這個戲劇節動起來。」主任做完結論之後，隨即解散大家分頭去準備資料。

走出會議室的時候，我們幾個人雖然沒有交談，但是都看得出來彼此之間有一種摩拳擦掌、蓄勢待發的衝勁，在眼神的交流裡蠢蠢欲動。

「花樣年華青少年戲劇節」誕生

一個禮拜之後，在同樣的會議室裡，一個名為「花樣年華青少年戲劇節」的大台北地區青少年戲劇聯演活動，就此誕生。

演出時間訂在二〇〇一年的春假，也就是說我們只有不到四個月的時間可以籌備。

除了演出之外，所有大大小小的前製工作完全只能由我們幾個不到二十歲沒什麼歷練的小毛頭來負責執行，而這些工作中竟然還包括要為報名的戲劇社擔任社團老師？！誰不知道我只是一個肄業學歷、連高中畢業證書都沒有拿到的學生，竟然還有機會去教別人？不過主任倒是一點也不擔心我會誤人子弟，反而老神在在地跟我說教學課綱他會再跟我們討論。除了這個讓我膽顫心驚的決議之外，皓期主任更宣布這項計畫免費用，這次所有來參加戲劇節的社團完全不用繳費，除了可以參與免費的課程訓練，就連演出需要的燈光、音響、技術器材與演出劇場空間，都要免費提供！每個團隊甚至還可以額外領到五千元的製作補助費！這項決議在參與的戲劇社團隊耳裡聽起來，若只用太誘人根本就不足以形容，這根本就是天上掉下來的禮物啊！

後來與戲劇社團接洽的過程中，還有些社團因為條件太好，誤以為我們是詐騙集團，懷疑我們是否對這些年輕學生的肉體另有所圖。

在經過與一個個戲劇社團的拜訪說明之後，永平高中、萬芳高中、新店高中、景文高中、北一女中、復興高中、中山女高、景美女中、板橋高中、華僑高中、和平高中，總共十一所高中戲劇社願意加入演出陣容。另外還有一個最特別的團隊來自碧華國中的歌仔戲社，他們將以傳統戲曲的演出粉墨登場！第一屆「花樣年華青少年戲劇節」就這樣在阿信與主任的奔走之下，招募了十二個青少年戲劇團隊！

「花樣」最特別的地方，就是整個演出都是由戲劇社的同學們自己主導，包括了導演、表演、燈光、音效、舞台技術、服化妝、行政、行銷都要由學生自己設計執行。至於劇本部分，團隊們可以選擇演出既有的文本或是改編，甚至是發表自己的全新創作！靠自己的力量打造出一齣團隊一起合力完成、將近一小時的專業劇場表演。換句話說，第一屆「花樣」就會有十二個青少年戲劇社，在十二天內，演出十二部這些學生自己做的戲，這樣的規模與陣容在當時真的是既空前又夢幻！

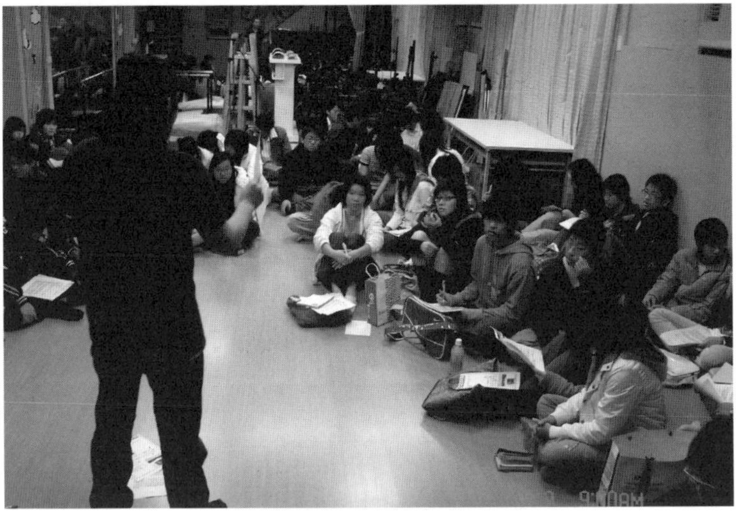

第一屆花樣戲劇節在芝山岩工作室展開所有課程

但在那個時候，我們其實沒有太多時間可以拿來感恩讚嘆，因為時間緊迫，「花樣」所有進度都必須在短時間內完成。我們必須在前製期間為十二個團隊提供演出製作的經驗分享以及專業課程。整個戲劇節的推動執行、行銷宣傳也都落在我們幾個人身上，當時我們一個人必須當三個人來用，而且還不夠用！在固定的團務工作外，我還要負責「花樣」全程演出的燈光技術、到永平高中種子劇團擔任社團老師、和火旺一起編寫刊物介紹花樣的內容，就連製作演出的文宣品，主任也大膽的交給我們設計執行。但是別忘了，我們只是一群菜到不行的小菜鳥！這種菜鳥程度的功力，距離要實現腦海裡美好想像，還是有一段落差的……。

在那些如火如荼籌備「花樣」的過程中，族繁不及備載的出包回憶裡，總有一些到今天想起依舊會讓我笑到不行的事情。最好笑的一件就是當時的宣傳海報。我們計畫要呈現出甲子園那種豪華奔放又青春洋溢的視覺效果，於是就跟每個參演團隊借了學校制服，再跑到陽明山上要拍攝主視覺照片，原本想要營造十二個人穿著不同制服的威武大場面，但是又找不到那麼多人一起實穿入鏡，最後只好把所有制服綁在繩子上吊起來一字排開拍攝，加上當天的天氣又陰暗，結果拍出來的照片看起來好像刑場一樣哀傷淒涼。冏翻了！明明是青少年戲劇節，拍起來怎麼卻像大時代悲劇的冷血屠殺？！

第一屆花樣戲劇節宣傳海報

海報出爐後，主任奇怪也沒有修理我們，依舊給我們很多空間讓我們發揮，這樣的感覺很像曾經在華岡藝校準備公演的日子，雖然有點兩光，但大家都樂在其中。雖然劇團工作很累、薪水很微薄，但是因為有共同目標可以團結起來一起打拼，每個人都是卯足了勁，只想著要把這件事情做好做滿。套一個近年來才流行起來的辭彙，當時驅動著我們像神經病一樣沒日沒夜般拚搏的，就是一股「熱血」！

為了替第一屆戲劇節宣傳造勢，鬼點子特多的火旺也想了一個別出心裁的造勢活動，時間就在戲劇節開演前，想要藉這次機會一方面替「花樣」打響名聲，一方面也雪一下之前的海報之恥。

二〇〇一年四月一日，十二所參與團隊加上我們幾個劇團成員，一行兩百多人來到了大龍峒保安宮進行一場拜戲神的莊嚴儀式。隔天這個事件果然見報，雖然只是小小一篇介紹，卻讓團隊振奮不已，這種被看見、被肯定的感覺扎扎實實為疲憊不堪的我們打下了一劑強心針。

「劇場是朝生暮死的」，在學校時皓期主任總是這麼告訴我們。因為在劇場工作的時間軸裡，演出當下其實就是一整齣戲製作的最後一步。幕落下步出劇場之後，演員要跟角色道別、幕後劇組也要將工作歸檔結案。二〇〇一年，第一屆「花樣年華青少年戲劇節」在教育部公告高中職以下的最後一個春假裡進入最後的演出階段。我即使在這只是擔任幕後燈光技術的工作，但還是期望能和父親一起分享這個特別的時刻，在我鍥而不捨的萬般懇求之下，終於說動了爸爸走進劇場來看看我這段期間的努力。

那天晚上開場前，台灣藝術教育館外等待進場的觀眾人潮，已經從劇場門口排隊排到南海路的馬路上，大家都要來看看新店高中戲胞工廠帶來的《仲夏夜之夢》。果然演出也不負期待的在滿場觀眾的掌聲與尖叫聲中風光落幕。

「你在哪裡？我怎麼沒有看到你？」戲才剛結束爸爸立刻打電話給我。

「我這次沒有演，我做幕後的燈光啊！」我請他到二樓燈光控制室碰面。

「你在這裡做什麼？沒有演你叫我來幹嘛？」爸爸看我一身邋遢，沒好氣地對我說。

「沒有啊，我想說你可以來看看這是我第一次製作的活動……。」我邊說邊整理被我反摺好幾圈的褲管，想讓自己看起來不那麼狼狽。

「看都看不懂還要我跑那麼遠來看，我要回去了。」爸爸說完轉頭就走，一起來的妹妹匆匆和我道別後只能趕緊追上爸爸的腳步。雖然我滿心的期盼最後還是沒辦法得到父親的認可，但我知道當下其實也沒有太多時間可以沉浸在沮喪的情緒裡，因為戲劇節還在進行……。

很快的結束了在藝教館的演出檔期之後，「花樣」又再到幼獅藝文中心完成最後六場演出。頒獎典禮那天，劇場裡湧入了將近三百個國、高中生，他們都是「花樣」的參演團隊，大家齊聚一堂等待著榮耀揭曉。震耳欲聾的青春吶喊簡直要把劇場的屋頂掀開。阿賢說想不到頒獎典禮這個點子竟然真的能夠實現，火旺說我怎麼沒有穿西裝來出席這麼重要的場合。在所有的獎項頒完之後，主任也特別安排我們幾個小毛頭上台和大家說說話。

其實我也已經忘記了那時我在台上說了些什麼，但我真實的看見當初主任所說的，「這些再平凡不過的高中生，真的能夠透過劇場去實現他們的夢想」，我們真的可以看見在他們的眼裡有著太多感動的淚水，那些都是在夢想完成時所閃爍的耀眼光芒。

十六年前第一屆花樣戲劇節的十二天演出裡，有太多令人驚豔的深刻回憶亮點，直到今天我依然可以如數家珍：北一女中自己創作的《機械人之愛》生動表達出未來世界機械人與人類之間純樸的情感，我記得當時有多佩服在這些只小我一兩歲的小腦袋裡，到底藏著多少還沒被開發的創意。中山女中改編演出《晚宴》劇中的女主角精湛生動、活靈活現的演技讓人完全無法想像高中生的表演能量可以如此強大！那也是第一次我在心裡感覺到協助這些年輕人站上舞台完成演出夢想的感動，竟然會比自己身為表演者，接受觀眾的掌聲來的更洶湧。

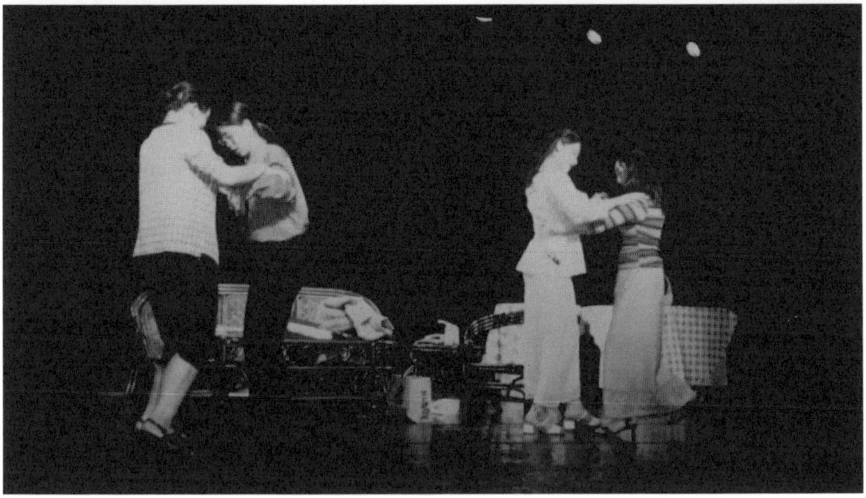

上圖｜ 2001 年，第一屆花樣戲劇節，華僑高中《永恆的羽翼》
下圖｜景美女中《帶我去看魚》於幼獅藝文中心演出

念書時，我都只想著怎麼樣在人群裡出鋒頭、搶曝光，但是在這次頒獎典禮結束之後，我淋著雨騎著摩托車回到劇團，一路上我試著探索、消化這個戲劇節帶給我的震盪。當時最讓我悸動的感觸與成就，倒不是活動規模或是戲劇節最後成功與否，而是在過程中每一次自己提出的想法與意見能被接納、在每一次和那些只小我一兩歲的高中戲劇社學生的相處裡，能感覺到被需要的存在。對比那段被退學時徬徨又無助的真實，此刻我就像在經歷一趟冒險，雖然終點一樣未知，但可以清楚而堅定的知道這是我自己的選擇，我知道這是我渴求嚮往的方向，因為當我睜開雙眼所看見的已經不再是迷茫。

「我想要一直跟著主任和他繼續辦這個活動，對！我決定要這麼做！」

我在劇團的小房間裡暗暗為自己許下一個關於未來的心願，但才剛想完不到一分鐘，手機鈴聲便把我從想像的旅行裡拉回到現實。電話那頭傳來媽媽的聲音，告訴我再過兩個禮拜就要入伍服役……。突如其來的徵集令，用一年十個月的軍旅生涯硬生生的斬斷我剛萌芽的青春劇場夢。好不容易我才正替自己找到目標而覺得雀躍，但下一秒國家暴力，喔不，是生理男性的應盡國民義務，卻像是無情的判決，宣判我這輩子就像個諧星，永遠無法輕易實現腦海裡美好的藍圖幻想。

「演戲」這件事，在當前許多師長或父母眼中看起來或許像是一件「不正經」的事。

以台灣過去的戲劇環境來看也是如此：以花樣累積的資料為參考數據，截至二〇一五年為止，全台灣大約只有五、六十所高中有成立戲劇社，而其中有舉辦成果發表公演的大約只有二十多所。國內登記立案的表演藝術團體約近千個，有大型商業的劇團、有享譽國際的表演團體、有前衛實驗的新穎劇團、有兒童劇團，但專門從事青少年戲劇教育推廣的，僅只有《青少年表演藝術聯盟》一個。由此脈絡來看或許可以發現，台灣過去的教育並不將表演藝術列為必要學科，甚至是學生畢業後可以考量的一項職業選擇，但其實在許多先進國家的教育政策中，都早已將「戲劇」列為教育過程當中不可或缺的重要一環，近年來更成為教育改革的重要熱門項目之一。

以表演藝術的角度來看《青藝盟》這十多年的耕耘，為台灣培育了許多表演藝術的新生代人才。許多原本從戲劇社參與花樣，後來報考戲劇系，之後自己成立劇團或是投入表演藝術工作的大有人在。同時也因此培養了許多有興趣看戲、接觸表演藝術活動的觀眾群。但對我而言，這些都是花樣的「附加價值」，舉辦花樣最重要的核心價值其實在於我們能透過戲劇這個媒介去陪伴青少年，並且在這段陪伴的過程中和年輕人一起找到他們的興趣、天賦、目標與夢想。

透過戲劇置入教育中的影響不僅能夠提升美學的涵養、更可當作語言學習的媒介。當然除了這些功能性的啟發之外，更重要的是戲劇也具有全人教育的不可取代性。帶領年輕人透過戲劇學習有關學習的事、學習思考、與人相處、

第 14 屆花樣全國第一屏東女中與聯電基金會蕙萍姐

表達、溝通等，這些都是自我內在成長最重要的過程。雖然在國內目前也有藝術教育法，教育部的《國民教育階段九年一貫課程總綱綱要》將「藝術與人文」納入了課程之中，但因為缺乏師資及教學的模式，其質量及落實的程度仍不盡理想。

也因為我們看見了戲劇之於年輕人的各種影響啟蒙，但這些重要的價值與行動竟然在國內十多年來卻一直不見改善，如果政府不做、體制無力施展，那就讓我們來做！這十多年來青藝盟努力的經營花樣，只希望能夠以劇場替台灣的年輕人帶來更重要的成長陪伴，為這個國家培育出能扛起未來世代的重要人才。

06

從中輟生
到戲劇節製作人

「噓，醫生，因為這個世界早就瘋了，所以瘋子才不認為自己是瘋子，不，瘋的，反而以為自己瘋了。醫生啊，我跟你說喔！這個世界要末日了。噓，呵呵，下個星期不要一直走，要轉個彎，才會有好運氣哦！」

——二〇一一年，第十一屆花樣戲劇節
斗六高中・青樓劇坊《BE CHANGED》劇本

「你們一直聽我講古會不會有點無趣？」我突然意識到自己太沉醉在描述回憶，趕緊關心觀眾的反應。

「不會啊，你的故事還蠻有趣的，好多起伏，而且真的還蠻詣星的。」前排一位穿紅色毛衣外套，乍看以為是紅衣小女孩的瘦小女生，眼睛直直的看著我說。

原本我還以為她在肯定我，但就在她說完詣星兩個字之後，底下觀眾隨即傳來陣陣竊笑。

「如果命中注定要帶『詣』，那就絕對不會只詣這幾年啦，我當兵的時候更荒唐咧！酒醉打長官啊、冬天寒流跳水池啊、站哨睡覺被抓包啊，蠢事根本一籮筐。在當兵當了一年十個月之後，我平安取得了退伍令重回社會的懷抱。退伍後的第一份工作是跑去髮廊當美髮助理，原本以為這樣的環境可以多認識一點女生，但因為我完全沒有美髮基礎，所以一切都必須要邊作邊學，店裡頭隨便一個十五、六歲的建教生我都必須要叫他們一聲學長姐。半年下來不但每天工作時數超過十二個小時，而且完全沒有交到一個女朋友！還常常洗頭洗到手上皮膚都發炎潰爛。那段時間我常常猶豫著要不要換個可以認識多一點女生，手又可以不用爛掉的工作，還是要繼續堅持下去直到熬出頭成為設計師的那天？這樣天人交戰的念頭總是在午夜時分替手敷藥的時候浮現。」

「洗頭會洗到手爛掉喔？那我都自己洗怎麼都沒事啊？」紅衣小女孩略帶挑釁的眼神看著我。

「呵呵呵，我還以為這間教室裡只有我一個諧星，結果你問的問題讓我知道原來我並不孤單。」就在教室發出哄堂大笑的同時，我看到教室後面老師露出尷尬的神情，我趕快收起本性，打了個圓場。

「那是因為我們一天都要洗十幾個頭，而且我又不喜歡帶手套洗頭，所以雙手跟化學清潔劑接觸久了就容易過敏……。但我們現在不是討論洗頭小弟工作傷害的時候，應該是要繼續聊一聊諧星人生的。通常諧星的命運走到了抉擇的分水嶺時都會出現一通改變命運的電話，就在我的轉業小念頭在腦海百轉千迴了一兩個禮拜之後，皓期主任打了通電話給我，找我回去劇團，和他繼續辦第三屆的花樣年華青少年戲劇節。」

「那你後來有回去嗎？」提問的還是紅衣小女孩，更正，是打扮像紅衣小女孩的另一個女孩。

「當然有呀，如果沒有的話，你們今天應該是來聽我談頭皮養護的講座了吧！」我看了看教室後方，這一球竟然讓老師的嘴角也失守了。

我按了下一張簡報，螢幕上浮現許多張歷年花樣的演出、製作照片，接下來的故事要從二〇〇三年開始說起。

每一屆花樣的學生，都在台上盡情揮灑他們的青春與故事

重返花樣舞台

在我退伍那一年，二〇〇三年六月，花樣辦到第三屆。

我接到主任的一通電話，花樣檔期將改在暑假演出，會有十五個團隊參演，主任問我有沒有興趣支援一個月當舞台監督的助理，在劇場裡擔任幕後工作協助演出？我欣然接受邀請，於是用了不到一個禮拜的時間和髮廊辭職，六月底又再一次回到捷運芝山站附近巷弄內的老地方，準備迎接人生新階段的開展。

矗立在巷尾的高聳五樓建築物，依舊維持往昔的雄偉磅礡。

每次站在門口仰望這棟建築，都彷彿即將踏進某一種通往夢想之路的大型機具裡，雖然當下無從得知這條路究竟會接往何處，但前方有個目標明確的領導者帶領著，心裡總多了一份踏實安定。

二〇〇三年的劇團有了很大的變動，因為作戲實在太燒錢了，創團的兩部戲讓主任賠了好幾百萬，主任於是決定結束劇團，但他卻又對「花樣」難以割捨，所以決定改以工作室營運的模式進行。一方面接活動案賺錢，另一方面用這些賺來的收入繼續支撐「花樣」辦下去。揮別了「新世代劇團」之後的新組織更名為「芝山青工作室」後，也營運了好一段時間。

重返工作室的第一件事就是先尋找我過去棲身的小房間，但取而代之的是一個鋪了木質地板、明亮嶄新的排練場。原來主任為了劇團能多創造一些收入，將一樓所有隔間全數打通改建成排練場出租。我看著原本是小房間的木板地，心裡不免泛起些微惆悵。為了追求更有經濟效能的進步，那曾在我迷茫青春期時，陪伴我自我療癒的小天地就這樣子被強制「都更」了！但除了內部硬體設施的改變之外，最讓我吃驚的是當初一起在劇團工作的同學全都離開了。這樣的「嶄新」程度，新到太讓我吃驚，但不管事物如何變遷，唯一不變的依舊是推著人往前跑的時間。在我回到劇場的一個禮拜後，就是第三屆「花樣」演出，我還沒時間收驚，便被交代了演出前的工作事項。

我當兵時，曾在腦海裡想像過千百遍重回劇場的生活，但當真實踩進了劇場的黑盒子空間裡，聞到空氣中的燈具，因通電後的高溫而散發出獨特氣味的當下，這個腦海裡的反覆排練，才真正在這一刻實現。

「花樣」的幕後工作不輕鬆，一天一組的團隊演出考驗著幕後工作人員的準確執行力。十五天的高張力演出生活很快地就在幕起幕落間流逝，一邊看著每一組團隊帶著笑容離開劇場，一邊感嘆支援的日子即將進入尾聲，沒想到主任在此時提出了要我進入芝山青擔任正職的執行製作、協助他舉辦花樣的邀請。我想都沒想立刻雀躍地說好，完完全全都沒有意識到和家人溝通這件事。

再次掀起家庭革命

當我說出要再回劇團工作的決定時，老爸當然徹底不贊同。其實他對我在劇團的工作幾乎一無所知，即使曾邀請他來觀看演出，但在他為數不多的經驗裡都是以抱怨收場。在他的觀念裡，總覺得我應該去找個「正正當當」的工作才對，不過當時的我也認為做劇團既不偷拐搶騙，也不傷天害理，到底他所認為的「不正當」在哪裡？

說穿了他就是擔心我做的事情會和「一般社會大眾」不一樣，收入不穩定。但我就是不想要當一個社會大工廠出產，只能被呆呆定在生產線輸送帶上，依據一道道按部就班、循規蹈矩的加工程序，所形塑出來符合單一期待的「產品」。我只是想要走一條自己想走的路。其實我們彼此都明白對方內心裡的潛台詞，但身處平行時空的兩方，不管怎麼溝通都沒有交集。兩個脾氣一樣硬的父子，找不到和對方開啟對話的要領，所以所謂的溝通到最後都變成了大大小小情緒的撞擊。

久而久之，雙方大概也習慣了這樣對話的方式，既然知道誰也說服不了誰，但也不容許對方左右自己的想法，既然爭不出結果，那就冷戰吧。這一冷戰，就冷了將近四年。接下來的日子裡我和爸爸的對話都僅止於碰到面打個招呼、點個頭，同住一個屋簷下的親人，互動就好像房東與房客一般發乎情，止乎禮。記得有一次過年吃年夜飯，我把飯菜裝一裝就拿回房間自己吃，一邊感嘆自己為何如此愛面子，一邊忍住悲傷，一口一口無味的吞嚥飯菜告訴自己一定不能輸。

那時候所謂的「不能輸」其實也不知道是不能輸給誰？輸給自己？輸給父親？還是輸給長久以來的社會單一價值觀？但時間也不容我多想，在劇團擔任正職後要做的事更多，因為除了主任之外，就只有我一個人！主任希望我能一個人把第四屆「花樣」給搞起來！這根本就超出了我能想像的困難，於是我跟主任討論，希望能再找一位同事負責行政事務。主任也同意我的提議，於是那一年我找了當初在華岡藝校的同班同學芷卉一起舉辦第四屆「花樣」。

「花樣」在前幾年的經營下，已經打下不錯的基礎，大台北地區高中職的戲劇社幾乎都知道這個青少年戲劇節，所以可以省下很多心力在報名宣傳事務上，只需要透過網路和學生間的聯絡網傳遞訊息，就可以有將近二十個團隊來報名參加。不過其他事可就沒有那麼輕鬆了，花樣需要有自己的刊物跟學生交流，主任叫我想辦法做，我說我不會，他也是老話一句：「那就去買書回來看！」於是我從買軟體、看工具書、收集資料內容、排版、比價、送印、找印刷廠……，就這樣所有從無到有，把刊物的大小事在幾個月的時間裡都給摸透了！

從無到有，我靠自己產出第一屆花樣演出刊物

「你那時候做的東西好看嗎？」又是紅衣小女孩的發言，但經過剛才的短兵相接之後，看得出來她這次不是想跟我搭嘴鼓了。

「慘不忍睹，不過我的老師卻從不因此唸我，大概知道我不是本科系的，能作的出來就已經是萬幸了。皓期主任很理解我的性格，偶爾有幾次對我語重心長，也都是因為我的自我管理不足或處事態度不佳。當我把事情搞砸時，他也不曾責備訓斥我，頂多就是瞪圓了眼睛長嘆一聲『唉呀~~~』之後，要我下次別再犯同樣的錯。我不知道這是要用放牛吃草還是麥田捕手來比喻比較合適，但因為都是自己去嘗試未知，即便犯錯也可以成為自己經驗的堆疊。說到這，我也想分享一個小撇步，往後如果有旁人因為你談論或追逐夢想而給你很多『文攻武嚇』時，你不妨也可以反問他，誰不是這樣風風雨雨、跌跌撞撞走過來的呢，為什麼要因為可能的挫折就阻止他人的追求？為什麼不能夠給我機會去經歷自己的成功或是失敗呢？」

在通過刊物的考驗後，主任陸續開始測試我的各種極限可能，除了要撰寫企劃書申請補助之外，還要在演出時擔任舞台監督，負責所有舞台技術的統籌掌握。那時連進劇場的燈圖、裝台行程表、道具清單通通都要我自己一手包辦！而且主任還交代戲劇節最重要的是要讓所有青少年能在這裡交流、玩得開心！所以我每個月至少都要和各校劇團社長們見面交流討論一次，也因為這樣，當時我們和第四屆的花樣團隊聯合舉辦了一個「捷運大爆走」活動，類似跨校的聯合大迎新，將近二十所高中戲社在捷運淡水線上沿途設關卡闖關解任務。當時很多一起執行的幹部，也在日後成為推動「花樣」的得力幫手！

在花樣演出團隊甄選前一天，主任突然說他不克出席，要我自己主持甄選活動。至於團隊評選，就由我將每場演出內容和觀察筆記下來整理之後給他，他再參考即可。我一聽覺得荒謬，天底下哪裡有這樣子的工作方式？！但他老人家都說了，我也只能使命必達？誰知道甄選結束後，當我將資料整理好要跟主任報告的時候，他竟然又說不用了，一切就依照我的觀察來評選吧！就這樣，一年的時間在主任若有似無的「開放式管理」下，我幾乎把舉辦「花樣」的每一個守備位置都站了一次。

所以當第四屆「花樣」結束，主任對我說出「那明年的花樣就交給你當製作人囉！」時，我才知道原來這一切都是他的早有預謀。

校長兼撞鐘，一個人辦戲劇節！

「花樣」到底會辦到第幾屆？

這樣的問題當初我其實從沒想過，只知道當週期的時間到了，就做該做的事。比如，每年十月申請補助、十一月團隊報名、十二月跟團隊見面、隔年一到三月舉辦課程、四月初賽甄選、七月演出，八月結案。如同二十四節氣之於農人一樣，一切流動是如此的自然而然。

但是在這之間突變的因素總是少不了，就好像耕作會遇到久旱、蟲害、水漫一樣的不可預測。就在即將舉辦第五屆「花樣」的時候，芷卉因為家庭緣故必須離開劇團，這下可好了！主任說劇團經濟拮据，沒辦法補充人力。那「花樣」該怎麼辦呢？「那就由你當製作人啦！所有流程你幾乎都碰過，所以一個人應該也可以辦吧！」就這樣一句話，以我對主任的瞭解，他根本就不是在問我，而是一道肯定的柔軟命令！俗話說得好，頭都洗一半了，難道能不洗完嗎？我怎麼可能會因為遇到這樣無理的要求，就打退堂鼓呢？我下定決心，與其回家被老爸笑，不如趁這次機會好好試試自己的能力。

而在這一年，花樣也有了一個很有趣的轉變：過去幾年戲劇節從未特別限定團隊演出的文本形式必須是自創、翻演或改編，但從這一年的戲劇節開始，我們會訂定一個共同創作主題，所有團隊都要嘗試在這個主題底下來進行創作。於是從第五屆「花樣」開始，每一年的花樣都會有一個創作主題，每個團隊都必須用「原創劇本」來參加演出。原創劇本指的是，這群十六到十七歲的孩子，必須從無到有，包含劇本故事、角色、燈光音效全部自己編、寫、導、演。從而完成一齣屬於他們自己的戲劇演出。

第五屆花樣，第一次的創作主題為「鬆綁」，主題意義在希望參加的團隊透過演出，能從生活當中的壓力逃脫。

能不能真的透過戲劇「逃脫」，我們並不知道。但是當在劇場裡看見這些年輕學子能夠因為一件自己喜歡做的事情，試著從升學過程中，擠出那麼一點剩餘的時間來追求夢想。在這些演出裡我們能看見的不只有單純的精神感動，那一年的演出團隊包括演出看似無厘頭的前衛實驗瘋狂躁動、有女社員在劇場裡僅穿著內衣褲登場、有團隊帶來好幾大袋的落葉把劇場佈置成廢墟、也有團隊演出尺度邊緣的暗示片段……，主任卻連眉頭都沒有皺一下。他說，這才是「原創」好玩的地方，沒有必要限制年輕人的表現，因為他們透過作品反映的，就是他們眼睛所看到的世界。

就是在那一年，我突然覺得這些高中生真的能在「花樣」中得到什麼！那些激發天馬行空的創意、無拘無束的揮霍青春，不就是體制教育裡最缺乏的嗎？而這趟「鬆綁」的歷程，不就是一趟感受最深刻的青春旅程！經過這一趟獨自扛起花樣的過程，我好像也漸漸明白自己在劇場裡短短幾年的參與，其實也是被花樣賦予了某種存在的意義。

於是，在第五屆花樣結束後，我興奮的跟主任說：「第六屆的花樣也讓我繼續當製作人吧！我有一些很酷的新想法！」

07

失業？創業？成立青少年表演藝術聯盟

「阿爸，我記得你說過這片田四四方方，就跟護身符一樣，會永遠守護林家子孫。是我的錯，害我們的土地被徵收走，是阿沖不孝！如果我去跟那些大官說，叫他們把土地還給我們好不好！阿爸，你一定要保佑我們，保佑我跟這片土地，我現在就去討一個公道。」

——二〇一二年，第十二屆花樣戲劇節
員林高中・黌樓劇坊《夜奔》劇本

「來，說說你的想法吧？」第五屆「花樣」演出結束，在例行的團務會議上（雖然只有我們兩個人），主任開口問我。

「我在想我們能不能夠把花樣推出去，辦成全國性的活動？」

「喔？這想法不錯啊，那你有打算怎麼做嗎？」主任表現出來的平淡，對我這樣充滿雄心壯志的企圖竟然一點吃驚的反應都沒有，讓我不禁有點小小失望。

「我想可以把活動介紹寄到全國高中職活動組，請他們幫忙宣傳，網路部分可以用奇摩家族還有無名小站到戲劇社的版上轉貼訊息。」

「聽起來蠻可行的，那今年就這樣做做看吧。」主任反應依舊冷淡。

「然後我在想，今年花樣想要像第一屆那樣在最後舉辦頒獎典禮，設計一些獎項可以給大家一些激勵。」

「嗯，可以，只要能控制在預算之內就沒問題，沒其他事的話就這樣囉。」冷淡的主任已經冷淡到一聽完我說話就想要直接離開了嗎？但我事情還沒說完啊！

「主任等一下，我還有一件事情想要問你，就是陽明高中的戲劇社現在沒有指導老師，我可不可以去接他們社團的老師，他們學校就在工作室附近，大概兩週才上一堂課，都是在週五的下午。」

「喔，這樣啊，如果不影響到花樣的工作，想嘗試就去試試看吧。」雖然我早習慣和主任之間的對話模式就是這樣簡潔，也知道只要我提出的想法不要太毀滅，他大多不會否決，但是留在主任揮揮衣袖離去之後一個人的會議室裡，總覺得今天的他有點不太一樣，好像心頭卡了什麼事情在煩惱。

獨挑大樑的嘗試

第六屆「花樣」一樣只有我一個人製作，但心裡感受卻特別不同。在主任開放授權後的工作時間裡，總覺得好像有一雙能望向過去未來的眼睛，正默默看著這個連高中都沒畢業的毛頭小子到底能搞出什麼名堂來的奇妙感受。生活中好像充滿了挑戰和冒險在等待著我，那是一種我很喜歡的強烈氛圍。

這一屆的創作主題是「我的高中生活」簡單、直接、明瞭，完全切中青少年的點。並且報名狀況竟然出乎意料的好！這一年參演的戲劇社團隊竟高達二十三組！其中更有六隊來自基隆、新竹、彰化、雲林、嘉義，台北縣市以外的團隊報名參加！一開始就有如此讓人振奮的消息，完完全全給了初次當家的自己一劑強而有力的強心針。

因為活動規模擴大許多，我知道這不是自己一個人就能搞定的場面，於是我開始想辦法「拐人」一起踏上這艘賊船，喔不是，是招募一群有志之士一起製作第六屆「花樣」。

前兩屆一些參與策畫「捷運大暴走」的戲劇社幹部也升上了大學，基於對於花樣的情感，以及想要再一起做一齣戲的渴望，大家決定回來一起擔任推動「花樣」的幕後夥伴。我們將這群夥伴命名為「花友團」：意指曾經歷「花樣」洗禮的一分子，每個人都很清楚知道該如何提供支援。在製作期的過程當中，花友團負責舉辦每一次的團隊見面會，帶著新進「花樣」的「小花兒」們交流互動，讓每一次的團隊見面都既精彩又豐富。而且更厲害的是這群剛升上大學的花友們，還幫花樣敲到了有史以來第一個廣播通告！

製作的後盾與資源都到位了，我也在思考怎麼讓製作期的過程內容更豐富，讓我們和團隊之間的互動不僅止於主辦與參加者的關係。在理解戲劇社作戲過程中的需求之後，我們開了幾次課程跟大家分享劇場概論、創作概論。當時我還找來在華岡藝校戲劇科任教的老師，也是我當初還在讀戲劇科的同班同學蕙珊，開一門舞台妝的實作課程，讓團隊有機會在正式登台前實際練習上妝步驟，結果課程一結束大家都因為第一次畫鼻影而拿捏不準妝容的深淺，把彼此都畫成了人面白鼻心，搞的整堂課大家笑得東倒西歪。

那時候每到週末，劇團外的巷子都會有一批又一批的高中生來到工作室外，魚貫排隊等待花樣的活動進場，更常常因為談笑聲音太大引起鄰居側目，以為這裡是什麼奇怪組織在進行奇怪的儀式。

這次我獨挑大樑舉辦花樣，團隊甄選時，我還自己開車到新竹、彰化、雲林、嘉義一間間學校去看社團呈現，那是我自己第一次踏上我從來沒有去過、看過的台灣，看一看這塊我所生長土地的樣貌。我走了很多從沒走過的鄉間小路，也經

因為花樣，我第一次踏上從來沒有去過、看過的台灣，看一看這塊我所生長土地的樣貌。

過許多未曾到訪的名勝工作兼旅行。在當時GPS科技還不普及，我還得靠著一本厚厚的交通局台灣地圖，按圖索驥才到的了這些地方。過程中自己其實也玩得很開心，當然也獲得不少成就感，但更大的收穫是這一趟出發卻成為啟蒙我日後幾次環島行動的起始點註1。

「你有去環島過？真的假的？」這紅衣小女孩根本是個好奇寶寶。

「環島的故事我後面會提到啦……。」說完後我轉身看看照片播放的進度，眼角餘光卻瞄到紅衣小女孩對我擠了個鬼臉。我按了下一張簡報繼續我充滿曲折的詭星命格。

第六屆花樣工作在大家的支援之下一切都順利舉行。這一年的演出在「皇冠小劇場」舉辦，演出的精采與多元完完全全超乎想像。

先是花友團帶來的開幕演出，傳達青春逐夢過程的悲喜與遺憾。萬芳高中挾著豐富的演出經驗，帶來一部描寫日、夜校學生因環境差異卻都擁有相同渴望夢想的清新小品。初次參加，來自新竹女中的少女們也不惶多讓，演繹了一群從小到大只會讀書考試的資優生，初次接觸書本以外世界的荒誕奇想，創意的呈現獲得廣大好評。同樣也是首次參演的基隆女中，則是以一群進入社會十年的朋友，重新扮演回高中模樣，只為了幫助失智的高中同學病情能夠好轉的動人演出，當屆基隆女中並拿下了最佳團隊的獎項。這一屆花樣看在擔任評審的時任華岡藝校戲劇科主任張家琪眼裡出奇的驚艷，想不到非專業科班出身的戲劇社，竟然也有那麼豐沛的能量。

這一年演出結束後，在依舊只有皓琪主任和我兩個人的檢討會上，正當我興高采烈報告完今年成果和明年展望之後，主任卻丟下了足以將整個世界炸到天崩地裂粉身碎骨的震撼訊息：他將要結束芝山青工作室。而這意味著花樣年華青少年戲劇節也將隨之終止。

「製作花樣的負擔太大了，這幾年接活動的盈餘幾乎都用在製作花樣成本上，加上我最近第二個小孩子也出生沒多久，我想我應該把重心回歸到家庭。」

「嗯……」我還無法從剛剛的強烈震撼中回神過來，只能簡單的回應帶過。

「你有什麼想法嗎？」主任看著我，我看著桌上剛剛跟主任簡報過的資料緩緩的吐出幾個字：「那，我這樣算是要失業了嗎？」

「嗯，可能要思考一下你接下來的規劃了，工作室的房租一個月就要十萬塊，我現在手上的案子大概會到十二月才收尾，你還有四、五個月的時間可以好好準備想一想。」

「可是主任，花樣好不容易才辦到現在的成績，如果這樣就結束了，不是很可惜嗎？」

「劇場是朝生暮死的……，」主任的話似乎還沒說完，但他也就停頓在這裡，好一會兒的時間，我們都沒有說話。直到他的手機鈴聲響起才劃破這沉重的沉默。

「好吧，那你就先把花樣的結案作好，接下來我會跟你講一下整理工作室的進度，先這樣吧。」

說真的，聽到消息的當下，我只覺得主任好自私！怎麼可以說不辦就不辦？在花樣裡面有那麼感動、美好的事物一直不斷在發生，當初說要帶給年輕人一起完成劇場夢的不就是他自己嗎！怎麼可以就說放就放！

而且，這裡，花樣也好、劇團也罷，甚至是工作室整個空間就好像我的第二個家一樣，如果連這裡都要結束那我又該怎麼辦？我不是也一直很努力嗎？我會那麼認真一方面是為了報答主任收留、改變了我的命運，另一方面我也是真的因為花樣才找到自己的存在感！如果就這樣結束，我肯定會被爸爸大大奚落挖苦一番，笑我這一路的選擇到最後不就換來一場空？唸戲劇沒用、作劇團生活沒有保障、搞藝術沒前途……，一想到有可能面臨到得這些情形，一連串負面情緒的海浪不斷朝我拍擊，那一刻我突然有一股好可怕的念頭浮現「我好恨主任」！

「後來呢？」一個留著俐落短髮的大眼女生發出提問。

「那段情緒的黑特低潮影響了我整個人的狀態，那陣子在工作室裡也就主任跟我兩個人，常常我都不知道該怎樣面對他，一方面是我的恩師，一方面又像是宣布我死刑的判官。甚至有時候看著他把過去花樣的文宣資料一批又一批的打包要拿去資源回收，我心裡的恨意更是漫到喉嚨！但其實我也能夠理解主任的處境，所以這樣的糾結更讓我忍得難受！但在半個月之後我也自己做了一個重大的決定。」

八月中，燥熱夏天的某個午後，工作室外的蟬鳴吵得讓人浮躁，我推開主任辦公室的門，告訴他：「我要把花樣接下來自己做！」

就算只剩自己，也要做下去

「你確定？這不是在開玩笑的喔！作劇場是會賠錢的，而且花樣這種公益性質的活動可是會賠死你的喔！」主任語重心長的看著我，而我，則是很久沒有看過主任臉上出現淡定之外的第二種表情了。

「主任，我很認真也想過了，跟著你的這幾年我也就只會做這件事情，除了繼續做花樣之外，我真的想不到我還能做什麼，或者是應該這麼說，我不知道我想要做什麼。」

「那你有什麼計劃了嗎？」

「有，我打算自己成立一個新的劇團，然後再去兼差存一點錢，當作自己創業的基金，然後我也想過了，未來可以跟你一樣，一邊接案賺錢，然後用賺來的錢繼續辦花樣。」

「但是你要知道這樣很辛苦，我自己也就是這樣走過來，到現在才發現負擔真的很大，連我都沒有辦法再撐下去了，你確定你真的要這麼做？」

「主任我真的已經想好了，我知道我一個人不行，所以我打算去找火旺回來跟我合作，他的點子多、企劃能力強，我們兩個合作應該很互補，而且我也打算從花友團裡面找願意一起辦花樣的人一起來弄。最重要的是……我對花樣有很深的感情，因為我真的能看見當初你說的，花樣可以帶給年輕人的影響，但其實應該說是因為你，才能讓我的生命改變那麼多，所以我想要繼續把花樣辦下去，把花樣推出去影響更多的年輕人。」

「所以你是真的有好好想過了嗎？你要知道你不是正統戲劇背景出生，你沒有學術、業界的人脈資源，這條路你要走的話會比我更辛苦你知道嗎？」

「有，這些我都明白，但我很確定，所以我很希望你可以把花樣交給我，讓我繼續辦下去。」

「好……你讓我想一下。」

「蛤，主任，你連讓我繼續辦花樣都還要考慮嗎？」

「不是，你讓我想一下，我要想想我要怎麼樣才可以支持你。」

那天之後，我去找了一個夜班的 PUB 兼差當服務生，用這份一萬多塊的工作收入當作生活費，白天我仍然繼續在工作室工作，用工作室的月薪存起來當作創業基金。而主任也繼續支付我薪水，但是工作內容就只要我好好搞定成立新劇團的準備工作。由於時間跟資源都有限，我必須要在年底

前處理完新劇團的立案工作、找到舉辦花樣的資金、最重要的是我要找到新的據點才能夠讓這一切計劃實現，因為十二月底工作室的租約就會到期，主任能支援我的期限也只能到此為止。

那陣子我天天在跟時間賽跑，我和身邊所有朋友說了想法之後大家都罵我瘋了，但是說歸說，能支持我的朋友還是願意對我伸出援手，在那段經濟拮据的日子裡，蕙珊甚至就曾經週轉了幾萬塊讓我當作生活費。

火旺和我因為從高中開始就是死黨，也曾經在劇團工作過，所以很爽快的就答應要來和我並肩作戰擔任劇團的企劃總監，花友團的其中一位成員——小麻雀，也願意來擔任助理。除此之外我也回過頭去找了芷卉，希望她能擔任劇團的行政總監，在好幾個晚上的懇談之後，她終於答應重新加入這個還沒有名字的組織。

又一次的重新整理、重新連結，一切的未知都在同心協力又快速的運作當中漸漸明朗，幾次討論之後我們決定將新劇團命名為「青少年表演藝術聯盟」，火旺說這樣頗有一種大聯盟的感覺，因為我們可以把全台灣的高中戲劇社串聯起來。我說我們也可以簡稱叫作「青藝盟」頗有一種幫派名稱的味道，以後出去報名號，感覺會很威風！

於是在二〇〇六年十一月二十九日，台北市文化局的立案審查通過，「青少年表演藝術聯盟」正式誕生。我們幾個完全非典型的臭皮匠就要用自己創立的海賊團航向台灣藝術圈的大海，展開屬於自己的生命冒險！

註1 在二〇一三、二〇一四年，我曾發起兩次以表演藝術為核心的環島行動。

二〇一三年「腦袋不是用來長頭髮的─環島巡迴」：我和吉他手陳彥竹，自組《淡水男孩》樂團，進行一場為期四十五天的音樂表演環島。用演唱交換食宿，為桃園縣復興鄉哈凱部落的家園重建募款。

二〇一四年「風箏計畫─高關懷青少年藝術環島行動」：「風箏計畫」得到福特汽車百萬圓夢基金的支持，讓我能與十多名藝術家夥伴、埔里的陳綢少年家園合作，帶領四位安置少年進行了一場為期一百天的環島壯遊。我們走進全台各地的安置機構，用音樂、戲劇以及四位少年的生命故事做了五十場用生命影響生命的感動演出。關於風箏計畫後續則有出版相關紀錄片與書籍。

08

花樣年華全國爭霸

「總有一天，我要成為傑出的演員，但是，我媽總是叫我乖乖讀書，等到大學畢業去公家機關工作。我爸說，夢想很重要，不過先考到好的大學要緊，不然當演員什麼的都是屁，他說最少要考到清大。可是，清大，沒有戲劇系。」

二〇一二年，第十屆花樣戲劇節

屏東高中・KUSO愛演戲劇社《閉嘴，讓我說》劇本

「青藝盟」立案完成後，一切挑戰才準備要開始。

除了加緊腳步申請補助之外，年底前也必須找到新團址落腳。儘管面對不確定的未來，我們也頂著破釜沉舟的決心，決定要做就要把活動規模更加做大，一鼓作氣將「花樣年華，全國爭霸」的願景做起來，邀請全台各地的青少年劇團一起共襄盛舉，一次打響青藝盟的名聲。正當團隊忙得焦頭爛額處理報名、新企劃、寫補助、找房子的時候，我們突然收到一封來自淡水鎮立圖書館演藝廳的申請補助通知。公文上寫著邀請團隊來淡水演出，每一場演出至多可補助五萬元。火旺腦袋動得特別快，立刻提議用第七屆「花樣」洽談專案合作。於是火旺和我兩人便立即動身前往淡水鎮公所，提出了希望能讓「花樣」在淡水落腳的企劃。

那一天會面，對青藝盟往後十年的發展影響至深。

當時淡水鎮公所的機要祕書、鎮立圖書館演藝廳的承辦人員，加上火旺和我，四個人，黃昏時分在鎮公所的大會議室中會談。會議室面對淡水河，夕陽西下映照川流河水，金色光束透過落地窗一束束灑進會議室，淡水八景中的「海口嚥日」在那天深深震撼了我，強烈又刺眼的餘暉一度讓人看不清眼前人的模樣。鎮公所透過機要祕書釋放善意，由於鎮長是教育博士出身，所以非常認同「花樣」透過戲劇演出，能在課本之外帶給青少年接觸興趣與夢想的空間，這是很難能可貴的活動，但是執行細節與合作模式必須給公所多一些時間詳細思考。

幾天後，我們接到祕書的電話。

「鎮長說，他沒有理由拒絕懷抱夢想來到淡水的年輕人。」機要祕書接著說，「但是鎮長有一個要求，既然花樣要到淡水，那就不要輕易離開，要把淡水當作自己的故鄉、把淡水當作點燃青少年劇場希望之火的起點、把淡水當作是青藝盟逐夢的基地。」除此之外，公所也願意在經費上支援，和青藝盟聯合舉辦花樣。更棒的消息是，淡水重建街上有一間一樓辦公空間等著出租，屋主正好就是鎮長，若我們有興趣可以過去看看，確定簽約，從今以後落腳淡水。

短短一個月，合作夥伴、演出地點、劇團空間，以及舉辦花樣的經費支援全部到位！在搬離芝山站的工作室前，皓期主任承諾未來花樣若能一屆屆順利舉辦下去，那麼每年春暖花開之時，他都願意捐款十萬元，當作他個人對花樣以及青藝盟的支持。

從這裡離開之後，我知道青藝盟再也沒有後盾靠山，接下來的一切是苦是淚、是喜是悲，全部都要由我自己一肩扛起。

花樣年華全國青少年戲劇節

在籌備一切資源的過程中，「花樣」的運作也在同步進行。第七屆花樣參與範圍北起基隆、南至屏東，總共有三十一個青少年戲劇社報名參加，數量足足是第六屆的三倍之多！這成績振奮了初試啼聲的我們，說真的，當時我心中簡直有一種光耀門楣的成就感！但更讓我感動的是，我不再只是一個人孤軍奮戰了！因為有了團隊，所以能做的事情更多！

在給青少年團隊的課程裡，我們希望能邀請更多專業人士分享交流，傳承經驗給對劇場懷抱熱情的青少年，於是我們邀請了當時金枝演社的劇團經理曾瑞蘭，為學員們帶來劇場企劃行銷宣傳課程。火旺還找來高中同班同學西瓜哥哥李岳，擔任花樣活動代言人。第一次有演藝光環的名人來到花樣，即興的表演互動課讓每個人都玩得不亦樂乎。在七月正式開演前，火旺又提出了一個大會師的宣傳活動，企圖把全台灣報名花樣的三十一個團隊全部找來在淡水齊聚，在老街上演一場戲服變裝踩街！那天下午兩三百位高中生在淡水老街會師，每個社團帶著自己的旗幟、穿著特殊服裝，在淡水河畔瘋狂引爆，這一次的造勢活動也成功為花樣達到曝光與宣傳的效果。

正式演出在淡水圖書館演藝廳舉行，這是一個有三〇七個觀眾席的鏡框式舞台空間註1，為期十六天的演出有來自基隆、台北市、新北市、新竹，以及屏東的青少年團隊共同參演。每天觀眾量幾乎都有八成以上，其中陽明高中瘋人館、復興高中山鬼劇坊、新店高中戲胞工廠的演出，更是創下觀眾爆滿的紀錄，甚至要坐在走道上才能進場看戲。這是「花樣」正式把活動推向全國的第一次突破，這樣的成績讓支持我們的朋友有目共睹，也讓青藝盟幹部都大大鬆了一口氣。

大明星也要一起辦花樣？！

這一年進場看戲的觀眾除了團隊親友、在地民眾之外，其中也不乏對劇場高度關注的朋友。第七屆花樣落幕後沒多久，淡水鎮公所來電告知鎮公所的藝術顧問希望能和我們聊一聊。

「驚喜」總在你完全沒有預期的時候出現。推開淡水鎮公所二樓小會議室的門，坐在會議桌旁等待我的，竟然是演出無數電視劇與電影的明星——沈海蓉老師！原來沈老師久居淡水，當時正擔任淡水鎮公所的藝術顧問，在第七屆花樣演出時她也進來看了好幾場，其實打從我們落腳淡水後，她老早默默觀察青藝盟好一段時間了！那天我和沈老師從我自己的故事開始談起，聊到她的表演經驗、她對小花兒們演出的細微觀察以及給花樣的建議、能夠改善的部分，這天南地北的一聊就超過三個鐘頭！在談話尾聲我對沈老師提出了邀請。

「老師，不知道有沒有這個榮幸可以邀請你來擔任青藝盟的顧問？」

「喔，為什麼是擔任顧問？」沈老師的大眼睛直直看著我打量了一圈。

「我想說藉由老師的經驗可以給花樣很多指導……。」

「我的意思是，為什麼我只能當你們的顧問？」沈老師眼睛瞪得更大了。

「啊，老師，那你的意思是……你還想要當什麼嗎？」一瞬間我思前想後就是想不到劇團裡還有什麼位置可以讓老師加入，我們既不拍電視也沒演電影，更沒有錢請得起老師啊！老師這句話到底是什麼意思？

「你是真傻還是假笨啊？」老師臉上的表情真不知道該怎麼形容，應該是說我當時的狀態已經緊張到想不出形容詞來多加描述了。

「難道我不夠資格教表演嗎？」老師拉高音調，頓時我豁然開朗！

「老師你的意思是……你要來花樣教表演嗎？」

「我這一身本事你不邀我去教表演，找我去當顧問幹什麼？所以我說你到底是不是真傻呀？你這樣子怎麼交女朋友啊？」

「報告老師，我現在單身。」

「你還真給我回答啊你！我看你不是傻，是討打！」

和老師抬槓完，喔不，是和老師長談了三個小時後，回到劇團我趕緊把過程告訴芷卉和火旺，隨即我們立刻開始討論花樣之後的各種可能！

北、中、南三地巡迴開演

有了第七屆團隊報名的基礎，第八屆開始我們打算在台灣北中南都舉辦花樣演出！因為中南部的隊伍增加，但是台北七月演出的檔期有限，所以為了讓北部地區以外的青少年團隊保有進劇場演出的機會，我們也談下了高雄衛武營、員林演藝廳兩個地點作為花樣中南區的演出場館。

為了確保中南區團隊不會受到距離影響產生資源分布不均的狀況，我們也決定製作期間每個月去一趟中南部舉辦免費課程。把所有師資一起帶去中南部，依照劇場工作的時程開設表導演、創作、舞台技術、燈光音響技術、劇場工作概論、服化妝、行政行銷等，入門到初階的課程。讓青少年按照自己的演出組別學習接觸自己的「選修」課程。每個月一次的見面當然不足以支撐劇場演出的繁複工作，青藝盟每位幹部都還要擔任各別團隊的「直屬」，協助處理經營社團的大小事、排解演出的疑難雜症，甚至很多時候還得要擔任青少年的心靈支柱，陪他們面對很多生活中的各種不如意。

在這些過程中，沈海蓉老師也真的和我們一起每個月北中南征戰。她完全放下大明星的身段，和我們一起吃路邊攤、睡便宜的旅社、一票人擠在老爺車裡在高速公路上南來北往。同時青藝盟也結識了來自基隆的一群很有才華的劇場夥伴，當時慾望劇團的團長，外號頹廢的葉禹廷也加入花樣，擔任演出時的技術總監；而擁有豐富演出經驗的專業劇場演員陳彥廷，更是在青藝盟擔任藝術總監，負責規劃教授花樣所有的表演課程。

越來越多夥伴和青藝盟一起努力打造台灣青少年的劇場沃土。而當時努力的成果也都在花樣演出時反映在每一個團隊越來越成熟，甚至是不遜色於專業劇場的作品裡。有越來越多劇場前輩開始關注花樣以及具有特色的

右為沈海蓉老師，陪伴花樣少年們演出

青少年劇團，也有越來越多從花樣「畢業」的年輕人選擇報考戲劇系。那時候花樣就好像是一個培養皿，孕育著這麼多未來可能成為劇場生力軍的搖籃。直至花樣第九屆時我們和全台各地青少年劇團一起製作、創作的作品，已經累積演出了上百場！

打破價值觀的單一想像

當時辦花樣的困難不少，經費、場地、宣傳等等，但其中最難突破的，還是這整個社會長久以來對「價值觀的單一想像」。

因為參與花樣演出的學生正處於高中職階段，而在這個階段裡會面對到最大的阻撓不外乎就是家長的關心與升學壓力。只要面對由成績決定一切的「科舉制度」，不管是興趣或是夢想，就必須兩者皆拋。在花樣十幾年的時光裡，為了真心追求的事情而和現實拚搏的小花兒比比皆是。曾經有因為擔心孩子演了戲就考不上大學，把孩子嘔心泣血的創作劇本徹底刪除檔案，連垃圾桶都清空不放過的爸媽；還有在演出當天，為了阻止孩子進劇場而把家門反鎖，不讓孩子出門的爸爸，而那個孩子正是晚上要登台的女主角！

或許在很多大人眼裡，參加戲劇社唯一的「收穫」就是課業退步。但是大人可能忽略的是，年輕人能在劇場裡得到多少收穫！戲劇是一門團隊合作的藝術，所以我們能從和人的相處與互動中學習到體諒、包容與負責。因為很多孩子因為經歷過課業與興趣之間的拉扯，但仍咬著牙堅持，心靈因此堅強的意志；透過劇中角色扮演的易位思考，則有機會去體會不同立場的處境，獲得察覺的溫柔；也因為劇場藝術是如此綜合多元，喜愛文學的孩子可以嘗試與文字共舞、喜愛視覺呈現的孩子可以在各式設計發想中大玩創意、喜歡與人接觸的可以在前台行政的工作中找到發揮的空間、不喜歡站在幕前的也有機會在技術工作裡和大家一起完成夢想。

這些全都是能在花樣裡擁有、比演出更重要的價值。當我還是學生時，學校教育只從成績單上的紅字黑字，及格與不及格賦予我這個人定位。所以我們一直希望可以透過劇場去做到的：讓花樣在體制之外運行，並能有機會補足教育制度的不足。讓青少年的成長不應該只有讀書考試這條單一的路；我們希望讓大人看見年輕人其實能做到很棒的成果，只要願意給他們一點傾聽和相信，他們缺的不是才藝和補習，而是需要一點肯定和一點放手。

但是要翻轉這樣的舊有價值觀其實並不容易，打破框架更非一蹴可及，於是鬼點子特多的火旺又想到了一個用創意突圍的特別企劃。

紙袋人軍團誕生

二〇〇八年，快閃活動註2正開始在網路上風行，火旺提出帶著小花兒們一起舉辦快閃活動，透過影像、新聞、活動的方式讓大家看見花樣的想法。剛好花樣裡什麼都缺，就是不缺大量的青春肉體。快閃活動只要人數多，在鬧區裡表演絕對會吸引目光！你們可能覺得有一點蠢，如果叫你一個人頭戴著紙袋去便利商店買飲料，你大概會覺得丟臉到爆炸。但如果是一兩百個紙袋人走在街上，路人看到了搞不好都會讓路到旁邊鞠躬啊！而且紙袋人軍團有趣的是，因為每個人的真面目都被藏在紙袋裡，根本沒人認得出來你是誰！所以不管做什麼無厘頭的動作，絕對是可以恥力滿點，喔不，是充滿信心！

二〇〇八年二月，花樣上百名紙袋人在台北信義區華納威秀廣場上演了一場完全毫無邏輯的快閃死亡秀。但初試啼聲的結果卻是被網友噓爆罵翻，完全沒有得到任何正面評價，但是很快的我們又立刻從谷底反彈，而且帶著更細緻的規劃，想要一雪前恥！如果花樣能夠吸引那麼多年輕人聚集，而這個因為夢想而聚集起來的力量，當然也可以藉由分享、付出回饋給世界，讓夢想因此變得更有價值，那一定會是一件很美的事。雖然第一次出擊就慘遭挫敗，但我們可不打算就這樣停止，於是做了一點小小改變。

紙袋人形式不變，快閃調性不變，但是每一次快閃，青藝盟都會和國內不同的非營利組織合作。每一次快閃出擊會由一兩百位青少年頭戴紙袋在鬧區大跳快閃舞，但在快閃行動一結束之後，青少年將頭上的紙袋拿下來瞬間就變成了募款箱，在熙來攘往的街頭協助非營利組織進行街頭勸募。

從 2008 年到 2016 年，花樣少男少女透過街頭快閃協助非營利組織進行街頭勸募。

紙袋人軍團出沒的地點已經不僅侷限在信義區，從台北車站、西門町、淡水等台北鬧區，還有幾年下來在基隆、台中、高雄等地，不論是三十多度的高溫還是下大雨的冷氣團，都能看見紙袋人軍團的身影，替像是「陽光社會福利基金會」、「台東‧孩子的書屋」、「中華民國聽障人協會」、「榮光育幼院」等國內大大小小的非營利組織募款！從二〇〇八年到現在，紙袋人軍團合作過的機構已經超過了二十個以上！

紙袋人行動果然成功吸引了媒體目光，報紙報導、電視新聞採訪、SNG連線都為每次活動打亮宣傳。雖然募款金額不一定很多，但是在把款項全數交給非營利組織的夥伴後，他們也總是會用最真誠的回饋分享給紙袋人們。好幾次行動結束之後的街頭就地分享，交換著機構的故事與年輕人實際街頭募款所體會的人情冷暖，都讓大家感動的頻頻拭淚。

這些年輕人親身去接觸了社會不同領域的生命故事，也讓自己有機會透過參與，得到他人對自己的看法與感受。紙袋人街頭快閃能協助機構募款，同時也能宣傳花樣，最重要的是大家可以看到這個社會的年輕人並不冷漠、也不是草莓族，只要能夠有一個方式讓他們參與，他們也能夠為這個世界付出一點心力。這些都是心靈最真實的收穫，也是最感動的地方！我們希望可以透過花樣、紙袋人所引

紙袋人街頭快閃能協助機構募款，同時也能宣傳花樣戲劇節。

導的方向，重新讓這個社會用不同的角度與眼光，甚至是重新的定位，來看看這個國家的青少年，他們真的可以很不一樣！

註1 鏡框式舞台

也可稱作單面式舞台，是劇場空間結構的其中一種。一般在舞台台口有ㄇ字形的結構，將觀眾區與演出區域面對分隔開，觀眾多從正面觀看演出，遠看舞台就像個鏡框。國家戲劇院、城市舞台、就是鏡框式舞台，國內大多的中型以上演藝廳也多是鏡框式舞台。

註2 快閃活動

指一群人透過網路相約在指定時間於熱鬧地點集合，以一般路人的身分路過，然後一起做出特定的動作或表演（如靜止不定、喊口號、跳舞、唱歌等吸引人群關注），接著在表演完後又迅速若無其事般隱沒消失於人群中。近年來的快閃活動則大多被做為宣傳活動，並拍攝後製成影片。

花樣戲劇節每一屆的工作從籌備開始到戲劇結落幕，約要花上十個月的時間。以二〇一四年的戲劇節為例，我們必須從二〇一三年的十月開始籌備：

十月：規劃下一屆花樣執行內容。

十一月：提案送補助、找贊助、邀請全台高中社團報名參與。

十二月：社團報名完畢，舉辦北、中、南團隊見面會，以及花樣第一次劇場入門課程與講座。

一～二月：北、中、南皆舉辦戲劇工作坊，每一梯次兩天，共四梯次，為期八天。

三月：舉辦劇場初階課程，包含行政行銷、劇場概論、創作導引、影片製作、講座課程。

四月：舉辦全國初賽，從每一年報名的四十多組團隊中選出十六～十八組團隊，參與七月的全國北、中、南巡迴演出暨全國決賽。

五月：舉辦劇場強化課程，包含演出各部門（導演、編劇、表演、行政、燈光、音效、舞台、行銷、服化、舞監）所需之各項工作知識全部會在這次舉辦課程讓團隊分組參與，同時也會舉辦講座課程。

北中南的花樣課程，我們都會邀請戲劇專業的老師為學生上課。

六月：裝台會議與劇場實作，帶領同學們至演出劇場實際操作七月演出之各項器材。

七月：全國巡演暨全國決賽。第一週由南部團隊在南部演出，第二週由中部團隊在中部演出，第三、四週則是由全國四十多所戲劇社所選出的前十三強在淡水演出。淡水場的演出同時也是全國決賽的進行。而所有演出結束後的隔一天會舉行頒獎典禮，選出團隊、個人等約二十多個獎項。所獲獎的全國前三名團隊則會在八月進行巡迴加演場。

八月：巡迴加演場，當屆的第一名會由聯電基金會邀請至新竹聯電大樓作加演。第二名則由嘉友電子邀請至嘉義表演藝術中心小劇場作加演。第三名的團隊在二〇一五年由廣藝基金會邀請至林口的廣藝廳進行加演。所有加演場結束後，當屆的花樣就告一段落進行結案工作。

上述課程除了一、二月的戲劇工作坊須收報名費之外，所有活動與課程都是免費。而除了花樣每月固定舉辦的課程活動之外，青藝盟的每一位團員也會擔任各戲劇社的直屬學長姐，在這半年的製作期過程中，每個月定期與團隊開會接觸，協助他們克服演出的困難或是社團經營的問題。

在六月之後，花樣則會啟動「Captain 計畫」，青藝盟會為每一個要在七月演出的團隊邀請一位大師進到社團的排練場一起工作討論，藉由大師們的親自參與接

觸，一起來為年輕人的夢想同時也為戲劇社七月的演出提供豐富的經驗分享交流。

曾擔任花樣「Captain計畫」的大導師們有：王小棣導演、王琄老師、拷秋勤-FISH LIN、慢島劇團-王珂瑤、四把椅子劇團-許哲斌、南風劇團-陳姿仰等人。

該往下跳嗎？我的負債人生

「我是鐵樵夫，沒有心的鐵樵夫。媽，那怎樣？至少，我接受了沒有心的自己了。那一夜之後，大家都有了不同的改變，知道正視自己內心的心魔，才能有所突破，最大的阻礙是自己。就像那一夜，我打倒了幻覺王一樣。」

——二〇一〇年，第十屆花樣戲劇節
明倫高中・親愛的戲劇社《淘氣追夢三人行》劇本

「我覺得你講的事情都很不實際。」分享到一個段落，就在我背過身要拿水杯喝水的同時，後方傳來了這樣一句話。

我把水喝完，轉向觀眾席想看看說話的是哪位同學。有趣的是，我很輕易就猜出是右後方一位穿著白色素面T恤的男孩，因為全場都把目光集中在他身上。

「怎麼說呢？哪裡讓你覺得很不實際？」

「就是你一直在講你做了什麼、做了多少，但是現實怎麼可能像你講得這樣順利，你要做它就會實現……？」

「怎麼說？」我見男孩語塞，接了話想要他繼續說下去。

「我覺得，並不是每個人都可以跟你一樣，只要做自己想做的事，就有機會可以去做……。」男孩的眼神隨著他的話語流動，從銳利漸漸轉為失焦的低沉無奈。

「我明白你的意思，那我可不可以反問你一個問題呢？」

「問我？」男生重新把眼神對焦在我身上，教室裡的其他目光則轉移到我們對話之間。

「是啊，可以嗎？」我面對男孩，他點了點頭。

「你有過類似的經驗嗎？你剛剛說的話好像是你有過想做的事，但是卻無法去做？」我走下講台，腳步停在離男孩最近的走道階梯上。

「有是有，不過我覺得我的經驗其實沒有什麼好說的啦……。」

「怎麼會？說出來，並不是為了要被聆聽者檢驗，如果你願意聊一聊，或許其他有過類似經驗的人，也可以從你的分享裡找到新的啟發喔？」我回了他一個微笑，走回台上。

按下簡報下一頁之前我說：「這些我做過的事情或是決定，絕對不可能都那麼順利，既然有人問到，那我們就來聊一下。」

跌跌撞撞的負債人生

從二〇〇六年到今天，青藝盟成軍十年，這十年都足夠一個六歲孩子長成十六歲的青少年了，但這一路上還真的只能用「篳路藍縷」來形容在這條路上所經歷到的各種挑戰。

在搬到淡水初成立「青藝盟」時，為了支付各種的開辦費用，我唯一的方法只有拉下臉回家跟爸爸開口調頭寸當作創業金。站在父親的角度，他打從心裡不喜歡也不贊同兒子走這條路，但畢竟是自己的孩子，他也可能從來沒有看過我對一件事情這麼執著過，加上我好說歹說、規劃各種未來財源及還款計劃之後，父親終於被我說動匯了三十萬元進青藝盟的戶頭。三十萬，一筆為數不少的金額，但是才一個月，立刻因為各種支出和人事費用全數花光！

有創過業的人應該都能體會，沒有後台、不靠關係、默默無名，又淨做些不賺錢事情的新團隊，必須得等到做出一點成績之後才可能有更多機會接案、演出、教學創造一些收入，在那之前，只能靠著微薄的政府補助才能夠勉強讓花樣按照進度執行。所以每逢月初的五號發薪日和十號的繳房租日都是我最頭痛，最不想面對的日子，常常到了該支出的時候，我只能瞪著青藝盟帳戶的餘額發呆，卻連一張千元鈔票都領不出來。常常我就為了這樣的情況焦頭爛額，為了周轉這頻率高到嚇人的入不敷出，必須常常回過頭向親戚朋友借錢度過。

當時為了要賺錢讓劇團營運下去，不管什麼樣的活動我們都拚了命地接，記者會、發表會、開幕活動、鎮公所的母親節表揚活動，就連警察局辦的政令宣導園遊會我們都接過！沒有活動辦的時候就到處去找哪裡有比賽，有比賽就去參加比賽賺獎金，單純衝人氣的網路投票、影片剪接比賽、政府各部會的徵件活動哪裡有機會就往哪裡跑。衝著第一名可以獲得十萬元的高額獎金，就連國稅局舉辦的電子發票的主題曲徵件比賽我們也寫了首歌跑去報名！

不只一次有人問我：「不過是個戲劇節，那麼辛苦幹嘛？哪天把自己賣了都不知道！」

而皇天也真的不負苦心人，就在青藝盟成立四年，我二十九歲時，我的負債總額終於突破上百萬。

除了經費不足考驗著我們毅力的極限之外，「你們是誰？」這個問題，也常讓青藝盟在成立的前幾年感到困擾。在剛創辦的頭幾年，因為知名度不足，青藝盟在接洽中南部演出以及舉辦培訓課程場地時也常常吃到公部門的閉門羹，「場館是專業場地，檔期要留給專業的售票劇團，不是給這些高中生辦公演用的！」、「社團演出在學校禮堂演就好，這些設備都非常專業，萬一被高中生碰壞了怎麼辦？」、「你們一次要演這麼多天，我們的機器要休息啦，這樣東西會被操壞啦！」甚至一直到現在，我們每一年在找合作場地時，都還是可以聽到這些拒絕的理由。

來自各界的質疑

除了公部門，我們也經常收到許多來自大型企業、基金會的拒絕，就連劇場圈前輩給的軟釘子也沒少吃過。每一年的花樣，會在前一年的十二月開始在北中南三地每個月舉辦劇場課程，按照表演、導演、創作、舞台技術、行政行銷等，依照完成一部戲所需的工作項目分門別類開課，自然需要邀請許多專業師資來教課。如果可以找到擁有豐富經驗與知名度的前輩們來到花樣開課，一方面除了可以讓課程的專業度大幅提升，另一方面則能夠讓對劇場有興趣的年輕人，得到與大師接觸的機會，不但可以給予青少年在追夢起點莫大的激勵，對於日後表演藝術領域的人才投入也能有很大的助益。

但現實與想像往往都是相反的，越知名的團體或老師越容易給我們軟釘子碰，送出的邀請、詢問不是沒有回應，就是謝謝，最近忙，再連絡。然後無聲無息地讓這邀請，隨時間流逝悄悄消失在彼此有限的記憶容量間。

在有限的資源底下，我們必須積極向各界尋求資金。除了私人企業之外，台灣的藝文團隊如果希望能得到政府的經費補助，可以向文化部和文化局提出一年一次的扶植藝文團隊補助申請（註1）。這項補助按照級別與補助經費可以分成三個等級，但這十年來青藝盟永遠都只能報名最菜的等級，因為我們申請十年，十年來都沒入選過！我永遠記得當我第一次踏進複審會議室，向場內十多名專業的表演藝術界前輩簡報後，收到的回應真的讓我從頭到腳好好上了一堂震撼教育！多數評審在聽完簡報後提出的問題，大部分都不是針對我們已經做過、正在做，或準備做的計畫提問，反而是以一種「你們能做出什麼」的眼光質疑。

「你這種活動算是教育性質的吧，那你應該去找教育部才對呀。」

「我們要補助的對象是有在創作的團體，你們在做的事情和藝術專業性根本就沒有關聯，你要我們怎麼支持你？」

「你只是一個中輟生，根本不是專業背景出身，憑甚麼去教別人？戲劇不是你這樣有熱情說想要教人就隨便可以教。」

「我們都知道你很會連結資源沒有錯，但是劇場的專業還是要有一定程度的人來教啊，我怎麼沒有看見你們找一些專業的劇團來教學，像是屏風啊、紙風車之類的團體？」

「寫劇本是一件專業的事，不是你們這樣帶一帶寫一寫他就叫做劇本的啦，高中生演戲還是比較適合那種獨幕劇，大概兩個演員就差不多了這樣就好，還有，高中生你讓他接觸劇場裡的舞台燈光音效幹嘛？戶外野台演一演就可以了。」

在這些評審過程中其實還有更多更光怪陸離的提問。比如說，某位評審曾經在會議上公開點名我們帳目不清，我當下立刻回應我們的帳哪裡有問題？他才說對不起，他「不小心」看錯了。

或許很多人聽到這裡會問「怎麼可能？」我自己也不例外，剛開始收到這些回應時，心裡真的非常受傷。我嘗試理解卻又沒有辦法理解，每一位坐在會議室

每一次來自各界的質疑都像一場挑戰，我們在挑戰中不斷挑整自己，越變越強
（攝影者 黃小紋）

裡擔任評審、在教育現場的老師們，是用什麼樣的眼光在審視青藝盟做的事情。而我們也再三省思青藝盟的各個層面，是否還有不足的部分、還有必須更讓人信服的部分？但在一年又一年的被拒絕之後，不禁讓人產生疑慮，政府單位在受理這樣的補助申請時，是否在檯面下有我們看不到的規定，又或是另一套丈量的標準？

我不要被現實打倒

類似的會議參加久了，我也開始會將心裡的困惑提出反問，希望能夠藉此理解評審的標準。但後來我清楚不管是有禮的回應或是低聲下氣的附和，我都還是會帶著許多疑問離開會議室，與其總是在事後只能被公文上的一句「貴單位的精神值得鼓勵，但因預算不足，所以明年請再接再厲」打發，我寧可選擇直來直往的交鋒，起碼能知道我們到底哪裡做得不夠好，或是哪裡不符合評審的胃口。

「老師，我們在二〇〇七年最少有邀請過屏風劇團合作兩次，但是當初提出的邀請並沒有收到任何回應，我想可能是您太忙忘記了。」我回應的這位評審就是當年在屏風擔任要職的一位前輩。

「老師，請問您有來看過花樣的演出嗎？」我回覆另一位評審提出的問題。他又愣了一下：「呃……我知道你們這幾年都在淡水……。」

「老師，我能問一個問題嗎？難道李國修老師、林懷民老師一生下來就擁有現在的成就嗎？我們這樣子做，有很大的目的與功能就是希望可以啟發更多藝文人才……。」

這些事情現在說起來都可以輕描淡寫，但在當初蠟燭多頭燒的狀態裡聽久不免也會對自己感到質疑。我知道我的學歷不高，只有華岡藝校戲劇科肄業。或許在某些人眼裡，我，甚至是我的劇團，會被認為不是科班出來的所以不專業，但我也不在乎我自己究竟是不是所謂的專業，就算不是也沒關係，因為在我身後有很多很專業的人、很多真正值得尊敬的老師，像是王琄老師、王小棣老師、竹圍工作室的蕭麗虹老師，以及在很多不同領域的前輩們，他們都願意相信我們，所以當我們希望他們可以一起來到這裡和青少年分享、教課的時候，他們都願意直接走進來，親身和這些年輕人直接接觸。我們想做的事情很簡單，就只是希望能夠透過劇場，讓年輕人的興趣可以發展成為他們的技能，讓技能與謀生管道結合，可以實踐夢想而不用擔心生活。

青藝盟這一路走來，團隊裡的每一位夥伴都有家庭、經濟的壓力要處理，包含我自己也必須要面對比如父親、身邊朋友、女友家長提出的質疑和憂慮，但這些疑問大部分都是出自於對青藝盟的不瞭解所產生的擔心，所以我們可以透過實際行動、說明讓對方瞭解，但其中最讓我們感到難受的，反而是來自同一個圈子裡的壓力。

我記得在二〇〇九年秋天的某天夜裡，我騎著腳踏車帶了一手啤酒到沙崙看海浪想事情，所有愁雲慘霧像解不開的結迴盪在沒有光害的沙灘上，我一個人靜靜看著月光灑在海面上。我思考著如果努力再多卻都得不到肯定，為什麼還要花那麼長時間搞壞了所有與人相處的關係，讓自己欠了一屁股債深陷在無以名狀的憂鬱裡，扛著這些自以為是的浪漫情懷？如果可以不要管這些事有多好？但所有

事情因我而起，那又要怎麼樣跟大家說我不行了，我想要喊停？我看著海面，遠方一片漆黑就好像一個深淵。

突然，我被一口冰涼的鹹鹹海水嗆醒！不知道什麼時候，我竟然走到了海平面足以淹過鼻子的高度！一個超過我身高的浪頭拍打過來，退潮的引力把我整個人往海裡拉去，遠方昏黃的燈火靜靜泛著橘黃色的光。

我驚嚇的不斷往沙灘的方向死命划行，想要活下去的本能讓自己只求不要被溺斃。在人生跑馬燈開始在腦海裡播放之前，我的腳終於搆到了踏實的沙灘，我趕緊連跑帶爬的離開浪潮拍打的範圍。狼狽地癱倒在沙灘上大口呼吸。沒多久我的淚水開始湧出，我開始放聲哭泣，深夜的海灘沒有其他人，我邊哭邊大吼著：「我不要就這樣被現實打倒，我不要再被人看不起，我不要再這樣過日子，我不要我的人生只是一場玩笑。」

註1 文化部和台北市文化局近年皆有扶植藝文團隊的補助，為使國內表演藝術得以長期穩定發展，會依據團隊規模及發展階段之不同分成卓越計畫、發展計畫、育成計畫三個等級。所推行的分級獎助機制。青藝盟所報名的都是育成計畫。

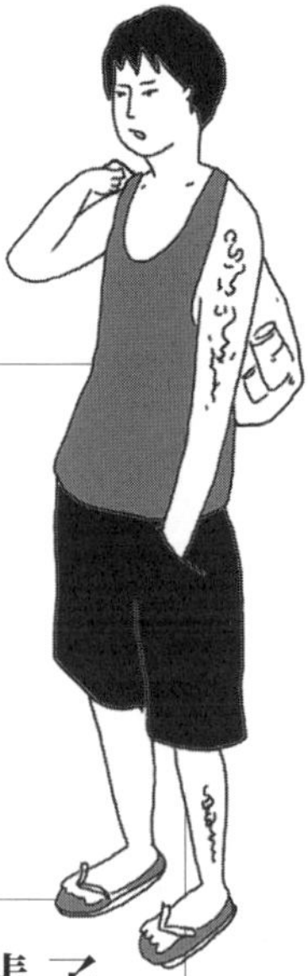

PART 3

我有一個夢，要走一輩子

每個來到這裡的年輕人，都能在這趟築夢旅程中學到許多課本之外的重要價值，或許這就是我們一直做下去的最大原因。

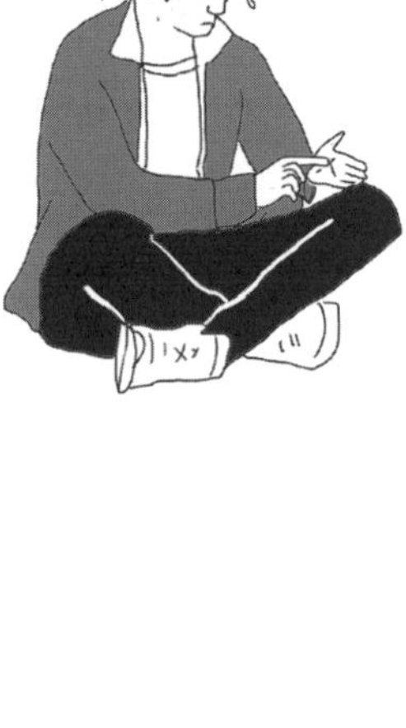

行行都能出狀元
青舵獎特殊貢獻獎

「從小到大，跌倒了，自己想辦法爬起來；受傷了，自己想辦法敷藥。肚子餓，自己想辦法解決。我曾懷疑過自己到底做錯了什麼？我連想跟爸爸說句話都遙不可及。家長會，別人的爸爸媽媽都到了，只有我單獨一個人，大家都很好奇，我爸爸在哪裡？」

——二〇〇九年，第九屆花樣戲劇節
彰化高中・表演藝術研究社《父・子》劇本

「我不懂耶，為什麼那些評審老師要這樣講話？」

「唉呀，評審不都是這樣？只要負責挑毛病，出一張嘴就可以了啊！」

「老師，你說的那些我都可以感同身受，真的！」

「老師！你跟我說評審是誰，我來去給他『處理』一下啦！」

一時間，大家你一言我一句熱烈討論著，丟接的速度都分不清楚到底是誰在講話，不過最後這句充滿江湖味的發言，倒是把大家都逗笑了。

「或許我們在台灣的表演藝術圈裡沒辦法獲得學術領域的肯定，但像我們這樣例子的也大有人在，比如電影《陣頭》裡的主角，九天民俗技藝團，他們也是連續十年都沒有得過扶植團隊的補助，但還是咬著牙繼續拼，他們一定也有堅持的原因以及來自主流價值之外的肯定與收穫。」

我按了下一頁，準備跟大家聊一下二〇一〇年青藝盟得到青舵獎的過程。

沙崙海邊的事情，我從沒有對任何人提起過。那晚過後，我花了一點時間整理自己的思緒，意識到身體裡一直有股不服輸的意志在翻騰。

為他們造一個演戲的夢

二〇一〇年，劇團同事慧真在獎金獵人網站上看到一則比賽訊息：行政院青輔會正在舉辦國家青年最高榮譽獎項「青舵獎」的選拔，慧真直覺青藝盟可以報名看看。她向我們解釋了參賽規則、評選的逐條細項，如果獲選特殊貢獻獎，得主還可以獲得獎金五萬元等等細節。但我心裡只想著，我們應該試著走出去讓世界看看，看看我們是不是值得被肯定。很幸運的，我們的資料通過了初選還有複選，有機會進到決賽直接面對面和評審們簡報。

二〇一〇年三月六日，劇團當天還有花樣的課程在進行，我一個人單槍匹馬來到劍潭青年活動中心參加青舵獎決選。坐在會議室外，看著各個入圍者都攜家帶眷或是有親友團來助陣，我一個人顯得更不起眼。進場報告前，我在手心上寫下了不知道多少個「人」字，伴隨手汗一口一口全部吞到肚子裡，為自己打氣。一旁的工作人員見狀反而過來關心我是不是太緊張身體不舒服。終於，在我之前的上一位參賽者簡報完畢步出會議室，輪到我進場報告。

十分鐘的簡報很快就結束了，評審開始輪番提問。

「你做的事情跟我們一般人想像的劇場有很大的不同，能不能說說為什麼你會選擇用『劇場』這個媒介來當作你這十年陪伴青少年的動機？」

「我認為劇場是一門團隊合作的藝術，也是造夢的藝術，需要許多人一起為了同一個目標努力，才能完成演出。花樣帶著戲劇社的年輕人們在劇場裡實現青春的第一個夢想，藉由團隊合作學習體諒彼此、包容差異以及對自己負責任。在演出製作過程中，啟發感受思考，開發創造力，花樣讓來到這裡的年輕人，都能夠在這趟築夢旅程中學習到許多課本之外的重要價值。這些生命經驗的收穫，我覺得能去補足長久以來教育體制所無法給予的，這就是我們一直做這件事最大的原因。」

「你做了十年，那麼長的時間裡，文化單位或是教育單位都沒有支持你們嗎？」

「文化單位認為花樣的性質偏向教育，所以不符合他們的補助方向；而教育單位則認為花樣是演出活動，所以要我們去找文化單位申請補助，」我嚥了一下口水，繼續說：「但對我而言，教育從來就不是立竿見影的事情，藝術最後的成果與掌聲榮耀如果只是留在自己身上是很可惜的。花樣的精神就像是一所學校，我們一直把花樣當作是一所無形的學校在經營，讓青少年探索自己的興趣與天賦、啟發培育台灣青少年的場域。」

「如果你把花樣當作是學校，想問你這所學校這樣經營下來有什麼績效嗎？」

「如果要用學校的形式來定義花樣，那花樣應該就是所藝術高中，很多從這裡『畢業』的校友都把投身表演藝術當作是人生選項之一，花樣就像是台灣劇場界人才啟蒙的培養皿，在台灣有很多各式各樣的劇團，但幾乎沒有人像我們這樣自己不做戲，而是帶著年輕人做戲。」

「花樣當然有很多優秀傑出的『校友』，像是二〇〇四年在王小棣導演電影作品《擁抱大白熊》中飾演王怡芬的金馬獎最佳新演員獎得主洪顗瑄，就曾是參加花樣的學生；這幾年獲得國內扶植補助重視、並屢獲國際邀請巡演的《曉劇場》，兩位創辦人也都曾參加過花樣。除此之外，當然還有更多從花樣出來的年輕人，他們可能還正在戲劇相關系所就讀中，也可能正在成為台灣劇場界的生力軍，默默醞釀等待要嶄露頭角時機到來。」

「透過你的說明，我們都能夠感受到你做這些事情堅持的原因，謝謝。」貌似評審主席的男子說。

「謝謝你們願意來理解我們，如果老師們不介意的話，我還想補充最後一點。」

「你剛剛說的事情，我相信已經很打動我們了，我想這樣應該差不多了。」

評審面帶笑容的說。

「沒關係呀，如果時間還夠的話，那就讓浩瑋補充吧，我也想再聽聽看。」說這句話的人是時任青輔會主委王昱婷，她看了看我，示意我可以做最後的補充。

「最後，我想跟各位補充這位年輕人的故事。」我按了下一頁，投影螢幕浮現了二〇〇六年陽明高中戲劇社的學生，小A，這也是青舵獎特殊貢獻獎選拔的最後一張簡報。

影響那些曾經和我一樣的年輕人

幾個月前的某天下午，我走在淡水街上，突然有個聲音從背後叫住我。回頭一看，一個整頭綠髮的少年嘴裡叼著一根菸，正坐在摩托車上從頭到腳的打量著我。我一時半刻反應不過來，心裡不斷回想最近自己有跟人結怨嗎？有欠錢了嗎？正當我做好要幹架戰鬥的準備時，這個屁孩開口說話了：「欸，浩哥，你不認得我了嗎？」定神一看，原來是好幾年都沒聯絡的小A！

二〇〇六年陽明高中戲劇社參加第六屆花樣，小A擔任社長。有一天我到學校要幫他們上社課的時候，其他幹部跑來告訴我小A找了一票校外人士要來打社團的編劇，原因是小A無法接受編劇寫的劇本，雙方意見不合又僵持不下，所以要用武力來解決這件事。

當時我一聽差點笑出來，眼前這個血氣方剛的孩子讓我想起自己以前念華岡藝校時調皮打鬧的樣子。於是我把小A抓來告訴他光用拳頭是解決不了問題的，身為社長應該要從自己以身作則帶領社團。打架就算打架贏了，人心也一定散了，根本不可能團結起來演戲，那想要參加花樣演出的目標當然就不可能達成，這會是他想要的結果嗎？我告訴小A，如果有本事就好好把演出做完，用這樣的方式來證明自己，我也會願意用尊敬的態度來跟他相處。

後來，小A真的把陽明高中帶進了花樣決賽。雖然最後沒有得獎，但最起碼也讓我對他刮目相看。我想這樣子血氣方剛的年輕人，只要能夠理解他們心裡的想法，用適合的方式引導，他們是真的都可以很棒的。但就在花樣演出後，小A升上高三那一年，他翹家逃學了，大家怎麼找他都沒有回應。我透過通訊軟體聯絡上他，他也只是敷衍了事的回應。就這樣，我們之間的交集結束了。後來的日子裡，偶爾想起小A我心裡還是有股淡淡的遺憾。

多年後的巧遇，我把小A從頭到腳唸了一頓，尤其是那一頭綠髮還有翹家逃學的事情。小A被我唸完之後緩緩坦承當時候的自己很不懂事，但現在長大了，比較會想了也已經回家了。至於髮色是因為他現在在髮廊當學徒，以當一個設計師為目標。聽他說完之後，那個卡在我心中多年的小鬱悶，終於在此刻隨著他堅定的眼神而化解。

小A問我是不是還在經營劇團辦花樣？他說等他出師，當上設計師之後希望能回到劇團幫忙，在後台幫更多花樣的學弟妹們做造型，讓他們美美的、帥帥的登台。我起初對他的轉變感到非常訝異，但他告訴我，好在曾經在戲劇社的那些日子裡我們肯定過他，讓他日後都還能一直記得那些正面的感動。如果不是當初在戲劇社經歷的一切，今天他也不一定會重新回歸正途。

走回劇團的路上，我明瞭了一件事情：原來花樣的重點和功能並不在於能培育多少藝術界人才，而是如果有機會透過花樣去影響那些曾經和我一樣的年輕人，帶領他們找到自己要去的方向，或是陪伴他們找到自我肯定的價值，哪怕只有一點點，那也才是花樣真正能夠開出的最美的花，也才是我想要堅持的原因。

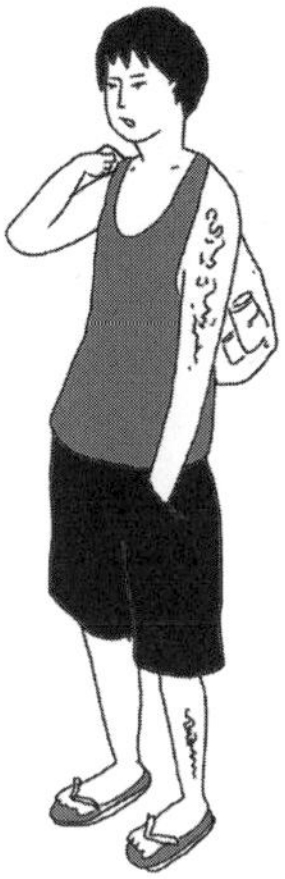

青藝盟獲得「青舵獎」肯定

二〇一〇年三月二十八日，我從副總統手上接過了青舵獎特殊貢獻獎的獎座。王昱婷主委在典禮後特別告訴我「英雄不怕出身低」，勉勵我繼續堅持理想，把花樣繼續做下去，把戲劇正面的影響傳遞給更多年輕人。

隔天台灣每一家報紙幾乎都報導了青藝盟獲獎的消息，劇團開始收到很多採訪邀約包括電視、雜誌、廣播等。青舵獎得獎帶來的效益讓我們能夠有機會透過

青藝盟獲得「青舵獎」肯定

更多的媒介，讓大家認識花樣以及青藝盟。而我們也因此獲得了更多的肯定與信任，讓我們可以有資源推動更多的計畫，這一年裡我們參與的合作演出就有兩檔大型創作，一個是精靈幻舞舞團的《KUSO卡門》，另一個則是淡水國際環境藝術節的史詩環境劇場《西仔反傳說》。同時劇團自己也推出了兩檔創作演出，一部是我自己編導的《愛情拳擊包》，另一部則是由曾經參加過花樣的鄭智源擔任編導所製作的《花樣年華青少年》，紀念花樣邁入十年這段歲月中參與戲劇社的年輕人們最單純的時光。也因為這部戲讓我們第一次獲得了國藝會的補助。

走出台灣，進軍國際

除此之外，在淡水鎮長蔡葉偉的引薦之下，時任台北縣文化局長的卿敏良也來到青藝盟辦公室與我們長談，她希望能將花樣的影響效益更擴大，問我能夠再做些什麼樣的突破？我大膽提出讓花樣與國際接軌的可能，局長也欣然同意。二〇一〇年八月，我們辦了第一屆的花樣年華「國際」青少年戲劇節，邀請澳門戲劇農莊、馬來西亞 TEA 劇場兩國的專業青少年劇團來到台灣，和第十屆花樣所選出的全國第一：政大附中劇魂戲劇社，以及獲得評審團特別大獎的明倫高中親愛的戲劇社共襄盛舉，在板橋文化中心演出四場。這一年真的是花樣「玩」的最過分的一年，也是青藝盟能量大大爆發的一年！

這一次獲得青舵獎，終於也讓大家看見、肯定我們的存在。（可惜的是在卿敏良局長離開文化局後，國際版的花樣也因為主政者的不同而宣告落幕。）

李國修老師說過「人一輩子只要做好一件事情，那就功德圓滿了。」這一年青藝盟對外戰功彪炳；對內，當時間和人力衝突的時候，我們寧可不接外面的活

花樣戲劇節第一次踏出台灣，第一屆花樣年華「國際」青少年戲劇節馬來西亞參賽照片

動也要把花樣做到最好。雖然我們在曝光度上有了很大的突破，但功利至上的升學主義氛圍，讓家長對於年輕人追求興趣夢想的這一點，普遍還是不認同居多。不過也因為得獎的影響，讓我對於翻轉這樣的社會價值觀有了一些不一樣的思考方式。

一道特殊的風景

在某次花樣的會議上，我對著來參加的高中生們宣布，今年青藝盟會為大家寫一封信寄到每個人家裡，邀請你們的父母親來看戲。話才說完底下立刻傳來青春肉體的哀號！很多人都說不要不要不要！不可以讓爸媽知道他們跑來演戲。我告訴大家，很多時候我們都希望別人來理解我們，但是我們卻很少願意主動去了解別人，父母親對孩子參與社團不支持，有很大的原因是因為他們不知道孩子在幹什麼？搞不懂為何你們都要因為玩社團而搞到很晚才回家，不明白假日不補習跑到學校排戲到底是為哪樁？所以才更應該讓他們知道你們在做什麼！邀請他們走進劇場來看看你們這半年到底在努力什麼！讓他們知道自己的兒子、女兒有多麼棒！站在台上有多麼閃亮耀眼！讓家長看見你們忍住眼淚所堅持的夢想，我相信父母親只要願意來到現場看看你們，那他們的觀念也一定會有所改觀！

說完這句話走下舞台，我突然覺得自己好假好悲哀，因為我可以這樣跟花樣的學生講，但是我自己卻根本就做不到！

那天晚上我打了通電話給很久不見的爸爸，告訴他我要回家對他簡報，告訴他我這幾年沒回家到底在做什麼？告訴他我前幾年跟他冷戰的原因是什麼？告訴他我從十幾年前進入華岡藝校被退學之後我的改變是什麼。爸爸對我突如其來的要求感到疑惑，但我告訴他只要給我半小時的時間就可以！

我帶著去青舵獎的簡報回到家裡，打開電腦一頁一頁的跟爸爸說明我做的事，還放了幾部自己剪的影片記錄著紙袋人軍團、花樣與青藝盟的歷程給他看。在爸爸認真看影片的時候，我就站在他身後靜靜地陪他一起看，心裡揣測著他的反應。

這場只有一個觀眾的簡報結束之後，爸爸問我。

「打算做這件事情做多久？」

「沒意外的話，我會做一輩子。」我想都沒想的回他。

「這條路很辛苦，不容易，要加油。」爸爸趕在紅紅的眼眶即將落下淚水之前說完這句話，然後轉身背對我。

「我知道，對不起，這幾年讓你擔心了。」我也試圖壓抑情緒，不讓哽咽的喉頭影響我的發音。

就這樣簡單幾句話化解了我和爸爸多年來的心結，但是卻花了我不只十年的時間。如果一定要走過這麼一遭，才能懂得所謂的理解，那麼透過花樣一定也可以傳達這樣的改變。

那一年的花樣多了一道特殊的風景，很多爸媽走進了劇場，和年輕人一起分享他們的夢想。戲落幕之後除了掌聲尖叫之外，更多的是父母親與孩子們的互相擁抱，在台前、在觀眾席、在劇場外的走道甚至是廁所門口，我們都可以看到很多淚眼婆娑的孩子拉著爸媽甚至是阿公阿嬤的手，告訴他們這一路以來自己是怎麼樣和大家共同完成一部戲的過程。而家長們也願意用肯定來回應。原來劇場能做的事情又可以多了一樣，拉近孩子與父母親之間心的距離。

過去我不只一次想對皓期主任、想對曾經願意點醒我的夥伴阿信、跟我一起跳入青藝盟火坑的每一位團員致謝。但在這十幾年的歲月中，我發現除了身後造就青藝盟的夥伴之外，我更感謝每一位願意相信我們的學員、願意讓我們陪伴他們孩子的父母，每一位願意給青藝盟機會、每一位願意看到這所無形學校價值的人！

青藝盟全體人員

謝謝你們對振聲戲劇社的照顧，我們第一次參加就順利進入決賽也比完決賽，謝謝你們給我們這麼美好的經驗與回憶，我們會永遠記在心裡。

你們真的很辛苦！不眠不休的只是希望我們的演出能夠順利進行，真的謝謝，希望花樣能夠一直一直延續下去！加油！

我代表振聲戲菌人戲劇社 全體學生向青藝盟致謝！

行政總監 湯巧汝 敬上

歷年屏東女中與參加花樣團隊的感謝卡

感謝函

各位青藝盟的朋友，你們好，

我是屏東女中王昱婷的媽媽，七月二十七日那天特地與家人北上到淡水欣賞孩子們的演出，很感謝你們親切的招待，更感謝你們這些年來為青少年們所舉辦的活動。

有了你們的帶領，不但我們的孩子發揮了潛能，充實了人生，更為整個社會增進文化內涵，注入源源不斷的生命力，再次的感謝你們，也祝福你們！

P.S：你們做得很棒！

家長 張雅惠 101.8.6

演戲就是沒路用？看見花樣的轉變

「你以後你在這邊喊喊，會有人鳥你們嗎？你這樣一直湧泉湧泉的，在這邊喊來喊去，人家又會把你們當瘋子而已啦！改不改建的問題，輪不到你來管！還是乖乖讀書吧！功課都這樣了，自己都管不好還想去管什麼湧泉螢火蟲。」

——二〇一一年，第十一屆花樣戲劇節
屏東高中・KUSO愛演戲劇社《再見，夏夜的綠光》劇本

青藝盟獲獎後開始獲得社會的關注和更多資源，也讓我們有機會和其他青舵獎得主分享彼此實踐理念的過程。每個人投身的領域雖然大不相同，但共通的一點都是希望能透過自己發揮影響力，讓世界變得更好一點，這也讓青藝盟重新對自己做的事情進行反思。我們開始從劇場裡探出頭來，發現原來過去十年我們將時間投身在劇場裡埋頭苦幹，卻對外面的世界可以說是一無所知。

青舵獎會按照不同的領域以及獎項類別共選出十位得主，分別是國際參與、孝行美德、志願服務、公共事務參與及特殊貢獻等五個類別。當屆其中一位獲得國際參與個人獎的黃若亭，她長期關心氣候變遷與環境正義的議題，更多次參與在丹麥哥本哈根舉行的聯合國氣候變遷會議，以及二〇〇九年亞太經濟合作會議（APEC）青年論壇企業家高峰會等重要國際會議。回國後，她也將收穫透過校內成果發表、巡迴演講等方式傳達出去，希望能啟發更多人參與公共議題。

若婷對於花樣這十年來的歷程，以及我們所舉辦的國際聯演感到驚艷，她很訝異有這麼多年輕人因為花樣這件事情而聚集，那是一股很強大的改變力量。如果能有機會和這些年輕人分享關於環境保護的重要性，那麼與世界接軌這件事情，就不會僅止於是活動的規模，而是能透過「價值觀」的養成，把世界帶進花樣。

透過花樣，正視我們生存的世界

二〇一一年，第十一屆花樣的主題是「拯救地球」。

我們邀請若亭擔任講師為團隊開設工作坊，希望在半年多的籌製過程中帶著年輕人一起關注氣候變遷與環保議題。這一年的花樣，我們透過十五部由年輕人闡述關於對地球友善、對議題思辨、長達六十分鐘的創作演出，引發大家對於永續生活方式的重新省思與重視。

二〇一一年七月，在花樣正式演出的舞台上，基隆女中帶來的《實話》，以黑色喜劇的方式隱喻國光石化開發案底下，寧靜純樸的村落居民面對發破壞環境的開發案來襲，種種在生活、人性掙扎的真實狀態。學生們說這樣的作品就是希望能與觀眾一起深思討論問題。而屏東高中更是在《再見，夏夜的綠光》這部作品裡，以高中生參與環保運動的故事引導大家看見屏東在地的環境開發衝突，談論湧泉與螢火蟲的兒時記憶，以「你能做什麼？」這樣直接的提問，引發觀眾思考人與環境的關係。這部作品更是打動了所有的觀眾與評審，拿下了當年的全國第一、最佳男主角等七項大獎！

第 11 屆花樣基隆女中演出《實話》，嘗試對環保議題提出疑問

這樣的轉變已經讓花樣真的不再只是一個戲劇活動而已，它也能成為是一種精神與意念的傳遞與分享，甚至是一種潛移默化的流動與實踐。這樣的反應不只有在團隊創作的作品裡帶來更多能啟發觀眾思考的議題，連我們自己也因著這樣的命題而開始有所不同，因為我們都希望自身的行動能夠真的連結上花樣的精神，而不是只淪為口號或形式。

舉例來說，從二〇一一年開始，花樣的文宣品都開始採用對環境友善的油墨印刷、紙品也改為不使用木材紙漿為原料的材質；頒獎典禮的獎盃也不再使用塑化品製作，而是邀請藝術家透過再生資源，甚至是回收物重新創作而成。目的是希望透過花樣傳遞的重要價值不只是空談而是真的能夠用行動去創造改變。包括我，也從二〇一〇年底開始不吃肉直到現在，很多人聽到後都以為我是不是發願？但其實這只是一個我在生活當中能選擇去友善整個環境的呼應，用最簡單的方式去實踐我心中所嚮往的願景。

我們能帶給青少年什麼？

二〇一二年花樣的主題是「社會正義」。恰巧那一年台灣的社會運動藉由媒體的輸出，一時間似乎風起雲湧（會說似乎是因為其實被壓迫者的處境與抗爭一直都存在，只是這一年媒體的效應擴散出去才讓更多人開始注意）。打開新聞到處都看得到人民抗爭的報導。所以當那一年的題目訂定之後，引起了很大的討論，很多人反應孩子演戲歸演戲，一個戲劇節憑什麼帶學生討論正義、帶學生接觸社會議題，年輕人什麼都不懂，質疑這是否是一種洗腦或操作？

但青藝盟想的另一個角度是：「學校會帶學生去談這些事嗎？」學校不談是因為這些事情與升學考試無關，但其實我們每一個人，每一個孩子，不都身在其中嗎？這是我們確切生活的環境，生活之中處處都與「政治」息息相關。這些年輕的孩子沒有機會接觸，沒有機會明白這個社會正在發生什麼事情，那麼未來他們要如何接掌這個社會？這樣的教育方式，百年來讓一代又一代的多數學子漸漸對社會議題無感，認為自己並不需要去參與或是理解，這是我們期盼在未來的某一天能夠撐起這個國家的年輕人要有的樣貌嗎？對我們而言「社會正義」這個題目並不是要在學生心裡種下任何一種意識形態，而是讓他們有更多機會自己去接觸、理解，然後再用自己的價值觀去選擇他願意的實踐。

第 12 屆花樣員林高中演出《夜奔》，在多數大人還未深入了解關心中科四期的事件前，這些高中生透過觀察與思辨，完成了與台灣息息相關的戲劇

那一年員林高中《釁樓劇坊》演出中科四期事件農民北上抗爭的故事，並且拿到了全國第二名。花樣結束後，他們也被台灣農村陣線邀請到溪州搶水事件的發生地，演出一場給所有的農民長輩看，那一夜連在場的吳晟老師都被這群年輕人深深感動。

但對我來說，這場演出最有意義的其實是幕後籌備過程。劇中飾演農婦的女生小K，她的祖母正好是務農人。為了演好戲裡農婦角色，小K好長一段時間就跟著祖母一起下田工作，向祖母請教、討論該怎麼詮釋。這樣的過程拉近了小K與祖母的關係，也讓小K重新看待農業、農村與農人。

政治歸政治，藝術歸藝術？

這一年也發生了一個有趣的插曲，我有幸被一個國際單位邀請出席一場宴會，很好奇我這種小咖怎麼會被邀請出席，因為裡面全是台灣一線的表演藝術團體啊，所有人一字排開根本就是復仇者聯盟的陣仗！宴會上用的是精緻餐具、吃的是法國料理，一道道精心烹調的餐點，整個排場更讓我覺得訝異。

會後重頭戲登場，主辦單位邀來一位澳洲藝術總監跟與會者分享活動舉辦的成功經驗，QA時間，大團的前輩們都搶著舉手發問，但問題不外乎就是圍繞著怎麼西進大陸？該怎麼去中國賺更多的錢打轉。我當下有一種感覺，就是這些前輩們提出的問題是否真的是反映到他們的腦袋裡最在意的事？如果是的話，那還真的讓我覺得有點難過。於是我也舉手發問，我的問題是「藝術有沒有所謂的責任，如果有的話那會是什麼？」至於他的回答是什麼其實我不太記得了，因為另一個前輩才讓我印象深刻。

「你為什麼要問這個問題呢？」某位前輩走到我身邊。

「因為我們覺得這幾年來我們都帶著年輕人透過創作，嘗試去接觸社會、認識議題，在我們的製作裡青少年嘗試去談都更強拆、校園霸凌、性別認同這些事件。我認為這是重要的事情，但今天在這麼多前輩的場合裡，我卻聽不到你們在談論相關的事情，所以我想要問問看總監，或者說是你們大家，對於我這樣的提問有什麼想法呢？」

「我說那些政治啊、都是虛假的嘛，你幹嘛呢？」前輩臉上的表情我說不上來到底是怎樣的情緒，但是我很明白的感受到一種想雲淡風輕地四兩撥千金的感覺。

「就是因為創作是真實的，所以才要用這樣的力量去打破虛偽不是嗎？」這句話我回的有點用力。

「唉呀藝術歸藝術、政治歸政治呀，年輕人就是年輕人啊！」那個前輩回完我的話之後按了電梯就下樓離開了。

演講歸演講，政治歸政治。

「可是我覺得他說的沒有錯啊？」白T男孩說。

「如果按照這樣的邏輯，那為什麼不讓音樂歸音樂，愛情歸愛情就好了呢？」

「好像也是耶，我好像明白你的意思了，你這句話好妙。」

「這句話不是我發明的，是我在網路上看到的。」我趕緊澄清。

「其實這幾年在不同的講座、場合我都會接觸到很多不同的人，我也歸納了大家不太喜歡討論政治的原因……」話沒講完台下又開始你一言我一語。

「對啊！那些政治人物看起來都很討厭！感覺都假假的，很虛偽。」

「沒錯沒錯，電視打開每次都會看到那些名嘴的口水戰，超煩的。」

「我就曾經被抗議事件影響過，交通都打結都動不了，害我卡在公車上好久！」

「真的，為什麼那些抗議的人都不會考慮一下別人的感受？」

每次只要討論到這樣的話題總是容易開始「熱絡」起來，我把眼神往老師的方向看去，果然她的臉上也是露出了「余老師，我們可不可以演講歸演講，政治歸政治」的尷尬表情。

等到大家都靜下來之後我繼續說：「花樣因為『社會正義』的主題引起很多人討論，不管外界、劇團內部或是花樣的學生，大家不外乎就是擔心這樣的主題會把年輕人塑造成暴民，怕我們洗腦年輕人。但我認為這樣的想法也是另一種『偏激』。在那幾年我們因為花樣認識了很多不同領域的朋友，其中有兩位原住民歌手巴奈以及那布。他們時常出現在許多社會運動的抗爭場合擔任演出者、聲援者或是發起人，他們告訴我創作之後最重要的事是實踐。我跟著他們一起看見了很多所謂的抗爭者，其實都是體制迫害下一個又一個真實的生命。」

話停留在這裡，全場一片靜默，我在安靜中按了下一張簡報。

活得像一個真正的人

二〇一一年，透過竹圍工作室蕭麗虹老師的引薦，我有機會帶著幾個青藝盟的團員前往香港，參加由香港當代文化中心所舉辦的，名為「MAD」的亞洲創意公民論壇。在那場活動中，我認識了當時香港兆基創意書院的校長馮美華。

香港兆基創意書院，是一所間充滿民主、創意、自由學習風氣的學校。校方透過引導學生就時事、校政等不同議題表達意見，分享自己的故事，以及培育探索專長及興趣，試著在校內的學習過程中建立公民社會的環境。

馮校長在了解花樣的運作精神之後，和我分享了一封學生寫給她的信。那次是兆基創意書院的老師帶著學生去理解香港興建高鐵的抗爭。學生們並未參與抗爭行動，而是在旁觀察並記錄下自己的所見所聞，貼近支持方與反對方兩方的意見。活動結束後，一位高二的女學生寫了封簡短的信給副校長。

信是這樣寫的：「謝謝學校帶我們去認識這個議題，讓我們有機會貼近這個世界，讓我知道什麼是真正的活得像一個人。」

短短三句話，簡單明瞭，但我在讀完信之後卻是驚訝到久久不能自己。「活得像一個真正的人。」教育的真理不就是如此嗎？讓我們透過教育成為一個真正的人，但是回顧我的自身經驗、環視當時社會氛圍，如果我們真的能夠透過受教育的過程去實現這樣的真諦，那為什麼我們總還是會聽見、看見許多抗爭事件發生在生活裡？

如果藉由參與接觸社會，是能夠因為這段過程讓我們能體會到「真正活得像一個人」，我想或許來自於感受、同理與想要改變的力量在推著我們向前進。劇場除了分享這樣的感受的成果之外，或許也是一個最可以引導年輕人去參與實踐的管道。我不為自己或花樣的「行動」下註解，但也因為這一次的接觸與交流，更確定了花樣創作主題與社會連結的重要關聯性。

我花這麼長時間講這幾個故事，是因為想讓大家知道，只有當你自己願意去接觸、去探索這個世界時，你才能更理解要如何使用生命。

所有參加過花樣的年輕人，長大有能力的時候，可以不要對世界轉身、不要對社會冷漠、不要吝嗇分享與付出，在可以的範圍裡去傳遞你所能分享的愛與善良，你自己就可以成為一個媒介，世界也會因此開始不同。

各位，如果你是一個這樣的人，你會不會覺得自己很迷人呢？

很多誤解其實都來自於資訊獲得的不對等，透過親身的參與和觀察，我希望把我的所見傳遞出去讓大家理解，所以這幾年我常常參與許多社會運動的場合，希望能多瞭解社會上正在發生什麼、身為公民我們可以做些什麼，以及可以透過這些事件，我們可以如何帶領花樣的孩子多思考些什麼。

二〇一二年，我曾到行政院門口參加一場反中科四期搶水的抗爭，現場來的人都是年紀七、八十歲的老農民，這已經是他們第十三次北上陳情。兩、三百位老人家坐在高溫曝曬的行政院外廣場，卻沒有負責主政的官員願意出來接見。

廣場上拿麥克風說話的農民阿公用台語聲嘶力竭的跟來聲援的朋友說明陳情目的，他說：「台灣的糧食自給率只剩三成左右，政府把我們的田徵收去蓋工廠、把水拿去給科技業用、請問一下面板種出來可以吃嗎？用耕種的土地去換錢、用灌溉作物的水去換錢，請問一下拿到了錢，錢可以吃嗎？這種道理我國小畢業的學歷都懂，為什麼這些大官會不懂？」

我一到現場立刻跟著靜坐，其中一個老阿公一見到我就說「少年仔你辛苦了」。阿公臉上、手上的皺紋就像被時間拿刀刻劃過的一樣深，這些都是經年累月耕作的痕跡，他們才是土地的主人。接著阿伯他開始用河洛語跟我交談，他告訴我他的名字叫作昆山，住在彰化溪州，還很熱情的寫了他家地址給我，要我有空可以去找他玩。

「少年仔你從哪裡來的？」昆山伯問我。

「我住在淡水啊。」

「我跟你說，我有一個兒子在故宮附近開機車行，如果你有需要，以後可以去找他幫你服務啦。」說完，昆山伯塞了張他兒子的名片給我，我心想，這個阿伯也太會做生意了，來抗議還順便置入性行銷。

「阿伯你有沒有和兒子說你上來台北呀？他怎麼沒有來看你？」

「啊，我沒有手機啦，而且我也不敢告訴他我來抗爭，我只跟他說我去參加自強活動，因為我怕會打擾到他做生意啦。」

明明是為了爭取自己的權益而北上，卻又擔心造成兒子困擾，我看著眼前這位所謂的「暴民」阿伯如此憨直，心裡五味雜陳。

在我情緒消化完前昆山伯又開口對我說：「少年仔，你的手機可不可以照相？」

「可以啊。」

「那你可不可以用你的手機幫我拍一張照片，然後把我的照片拿去給我兒子看，告訴他，爸爸很想他，告訴他有空的話就常回家，好不好？」

「好，我會的。」

我拍下這張照片的時候止不住淚水不停的滑落，接著深吸了幾口氣之後卻怎麼也忍不住的在行政院門前痛哭失聲。

圖中是昆山伯

支撐花樣的種子們

院長：「她有病啊，你們高中畢業都多久了，你們就這樣浪費你們的時間，繼續陪她演高中生活？」

愛鈺：「精神病有什麼關係？我們從高中就是好朋友了。我們一定會陪她度過的。我們要永遠陪她留在高中。」

老師：「是啊，她們一直在演戲，每個人飾演著失而復得的學生身分，每天上演不同的劇碼，甚至演到每個人的出社會了，還是不斷回憶她們的高中生活，但，何樂而不為呢？」

——二〇〇六年，第六屆花樣戲劇節
基隆女中・這個戲劇社《我們的高中生活》劇本

其實我常覺得做花樣就跟種花一樣，在花開（看見年輕人的改變）之前總要經歷許多漫長等待，而在這段等待的期間裡，不管是我們或是參加花樣的年輕人總會有很多考驗要一起面對。比如要面對父母親或學校不認同學生參加戲劇社這件事，說得更精準一點，應該是不認同學生把所有精力放在讀書之外的事情上。參加花樣或是演舞台劇當然都只是人生中的一個過程，但很多時候大人們會說，不希望這個玩票性質的社團影響到孩子未來的人生，這句話更深層的涵義或許可以解讀為：大人們覺得孩子未來的人生都決定在「成績」上。

我百分之百相信參加戲劇社、來花樣演出，一定會讓成績與功課受到影響而退步，但我不認為成績退步就代表孩子未來的人生是失敗的。所以花樣每一年的每一場演出結束之後，我都會走出來站在舞台前跟學生的父母親、師長們說一段話：「我是害你們孩子成績退步的首謀，你們可以指責我，但我們還是會繼續把花樣辦下去，因為這段過程中所有經歷的、得到的都是可以讓這些年輕人帶著走，並且一生受用的。」

所以在花樣裡不管是努力舉辦的我們，或是傾盡全力參與的青少年們，大家都會在這段過程中經歷很多拉扯，但是也因為經過這些淬鍊磨出了堅定的心念，以及無數個因為花樣而有所成長、蛻變的年輕生命。

讓生命長成它應有的樣子

身為花樣主辦人，很多時候我都是以自身經驗為出發，來設計花樣裡的每一個環節，特別是在拉近親子關係這部分。我發現大部分的父母和孩子之間都不太習慣對彼此說出心裡真實的感受，所以從二〇一二年開始，在每一個戲劇社演出結束之後，我們都會放一部大約五分鐘的短片，內容是每一個年輕人參加花樣的心路歷程與轉變，最重要的是他們可以透過這個機會對父母親說出想要說的話；在這個重要的晚上，把心裡最真的感觸分享給彼此最親的人。

二〇一三年在陽明高中演出後所播放的影片裡，有個男孩對他爸爸說了一段話，現在提起，我還是會雞皮疙瘩爬滿身。這個男孩在影片裡對父親說：「爸爸，從我高一開始我知道你就很反對我參加戲劇社，不管我怎麼說怎麼拜託，你們都還是很反對。雖然在那段時間裡我們彼此都很難過，但我知道其實你們只是擔心我。今年我升上高二了，我還是來當演員了，除此之外我還擔任戲劇社社長。我知道你們對我的決定很不諒解，我讓你們很擔心失望。但是我想要說的是即使要面對這樣的狀態，我還是想要來參加花樣的原因。因為這一次我演的角色是一個

透過戲劇，我們希望高中生能摸索本之外出一條他自己喜愛的道路，
並勇往前進。圖為第十屆花樣新莊高中演出

父親，我想要透過這樣子的方式去同理去體諒爸爸你的心，還有你的感受……。」

影片裡的他表情堅毅，眼神直直地看著鏡頭一點都不怯懦扭捏，用成熟又真誠的語氣對著父親說出他心中追逐夢想的執著，以及對於家人的珍惜與體貼。其實在他高一的時候，也曾透過影片跟父母親對話，只是那時影片裡的他像個無助的小男生，唯唯諾諾、欲言又止，連話都說不清楚。我們在花樣看見了他的成長，以及他這兩年的蛻變。高中畢業後他如願考取台北藝術大學戲劇系，繼續朝演員的夢想邁進。

這些在花樣裡，年紀十五、六歲的高中生，大部分的人都有過為夢想奮力一搏的經驗。除了陽明高中之外，還有非常多為了夢想努力綻放自己的小花。

二〇一三年，同樣是陽明高中戲劇社，那一年的女導演X同學，在準備演出前總是把自己搞得天昏地暗。X媽媽對於女兒整天忙社團每天早出晚歸，不過是個高中生卻把自己搞得這麼忙碌的狀態頗看不下去。在經過多次要女兒放棄社團但又屢勸不聽後，X媽媽決定使出殺手鐧！斷絕金援，不給X零用錢。這招真的是放大絕了，不過X並沒有因為這樣放棄演出的夢想。就在演出前不久，X寫了一封很長的信給媽媽，信中說著為什麼要堅持帶社團來演出的心路歷程，以及為什麼不願放棄的原因，因為她想要做好一件她自己完成的事情。X媽媽看完信之後問X在戲中扮演什麼角色？X說她擔任的是導演工作，不會上台演戲。媽媽一聽後更火大，沒辦法上台演出，那她這段時間到底在白忙什麼？媽媽氣得宣布自己絕不會去看公演。

「X聽她媽媽這樣說一定很傷心吧？」台下一個長髮女生說。

「父母親嘛，都是刀子嘴豆腐心。演出那天X媽媽最終還是來到劇場欣賞演出，她也明白要完成一部戲需要很多分工，每一個人在社團裡的工作都很重要。後來在X要報考大學那年，她媽媽甚至還主動建議X或許可以去報考戲劇系呢！」

「當然在花樣裡也有很多父母親願意給予支持和鼓勵，曾經有個女生說她很謝謝爸媽給她那麼大的空間讓她去做想做的事。她覺得能夠擁有這樣的父母是她人生最大的優勢。我只能說給予年輕人什麼樣的空間與環境，他們就會用什麼樣的姿態來回應面對這段成長。」

「那我們到底要怎麼樣跟父母溝通？」白T男生問，我多少明白了他剛剛不願開口的原因了。

「每個人的家庭背景都不盡相同，但如果把年輕人譬喻成植物，一切就都很簡單了。」

「植物？」白T男生一臉疑惑。

「假設我們每個人都是不同的植物，你可能是地瓜、筊白筍，他可能是番茄或蓮藕，而她也有可能是葡萄或是芭樂，但是體制卻都用種稻米的方式來對待我們，社會價值觀只希望稻米成熟後能成為隨風搖曳的稻浪。這樣不會有點怪嗎？你不可能用種稻米的方式去對待每一株不同的植物，就像蓮藕要種在水田裡，蕃茄、葡萄都是需要搭棚架牽藤才能順利生長的呀。

對待年輕人或許可以像對待植物一般，這樣就能找到彼此相處的方式，提供一個自在舒適安全，並且適合的環境讓他們自在生長，長成他生命應該成為的模樣，而不是我們期待他去成為的樣子。」

白T男生若有所思地看著我，他的雙眼不那麼憂傷，好像有了點方向。

「這些參加花樣的學生畢業之後都去哪了？去劇場界工作了嗎？」長髮女生的提問終止了全場靜默的時刻。

「從花樣『畢業』的年輕人想去哪就去哪，就像我華岡的同學畢業後也不一定都會從事演藝工作，有人做直銷、有人當老師、有人賣車有人賣房子。花樣也是一樣。當然很多年輕人選擇朝表演藝術的方向繼續前進，二〇一四年也有我教過的花樣學生考進哈佛戲劇研究所，他是台灣第一個、也是目前為止唯一的一個。有人選擇去當公民記者，為少數人關注的議題發聲；還有人成為音樂創作者用音樂傳遞改變。培育表演藝術人才是花樣其中之一的『功能』，但更重要的是藉著花樣帶著年輕人找到興趣，探索一條屬於自己的路。所以很多時候我都覺得花樣並不是靠著我在堅持，而是因為這些年輕人的轉變，所以才能夠支撐花樣一直持續到今天。」

「這些從花樣畢業的人，會有人留下來加入你們嗎？」長髮女孩問。

「當然也是有呀，很多參加過花樣的年輕人升上大學後也會回來加入『花友團』，把經驗跟獲得分享傳承給學弟妹每一年花樣辦完大概都會有十多個人來報名，雖然人不多但是戰力都很強，而且都不輸給我喔！」

我按了下一頁，螢幕上出現現任青藝盟團長——韓定芳。

現任青藝盟團長——韓定芳

在花樣裡成長、綻放的定芳

韓定芳是現任青藝盟團長，這幾年負責擔任花樣的製作人，及所有團員的訓練規劃，算是在青藝盟裡跟我爭吵過最多次、承受最多壓力的人；同時也是除了我之外，在這個劇團裡擔任過最多「守備位置」、吃了最多苦的人。已經在花樣待了十一年的她，卻只是個一九八九年出生的年輕女孩。定芳在二〇〇五年跟著萬芳高中戲劇社一起來參加花樣。考上世新大學後加入話劇社，當了社長。二〇〇八年在芷卉的邀請下加入花友團，從最基層的團員開始做起。剛進劇團的她每個月就只領22K，工作常超時，薪水又微薄。跟所有人想像的一樣，這樣的工作一定會跟家人之間產生拉扯，家庭革命不是沒有過，但她總是用報喜不報憂的方式跟父母溝通，把眼淚往肚裡吞。好幾次在發薪日前，我們兩個人四隻眼睛一起盯著劇團存摺裡所甚無幾的金額而產生嚴重焦慮。明明她也必須承擔來自家庭的目光與壓力，但她總是用一句雲淡風輕的沒關係，讓其他團員優先領薪。

我在執行許多事情時的霸道與獨斷，往往帶給團員很大的壓力。二〇一二年，劇團裡發生了退團海嘯。大部分原因來自於我的高壓管理，以及花樣一年接一年重複一樣的時序進程，還有總是忙不完的事情和得不到相同回饋的經濟壓力。大家的熱情都因此消磨殆盡，團員一個個對我遞出辭呈，幾乎所有團員都要離開青藝盟，除了定芳。這對那時的我是一個重大打擊，「人」是成事的最大原因，如果我連人都留不住了，那乾脆就此把花樣打包收起來？但定芳不但沒有因此灰心，反而告訴我，就算只有我們三個人（我、定芳，和當時劇團的另一位新進幹部子玠），也一樣可以把花樣辦起來。在關係上，她像是我的夥伴，但某種程度上她似乎也像是一個願意給我機會和耐心的陪伴者。

從那天起，定芳就開始擔起了劇團團長的任務，重新召募團員、定期舉辦團內訓練，扛起了延續花樣的責任。到現在她成了花樣的製作人，也開始幫花樣尋找贊助、管理帳務，同時也擔任劇團的表演課講師，不論是對內或對外的課程教學經驗已經累積將近上百場！常常我會想，到底是什麼力量在支撐著如此年輕的她願意在這條艱辛的路上無怨無悔，但看著由她擔任團長的這幾年，新進團員對她的佩服與肯定、從她身上學習到的各種觀念與收穫，進而也想要為其他人事物付出更多的能力與關懷，我想或許定芳也從這段辛苦的過程中找到了屬於她自己的寶藏。

她就這樣一腳踏進來，跟著花樣一起經歷了十多年的旅程，也見證了花樣的成長與各種危機。如果沒有她在，花樣可能真的早就被我自己 GG 了；也因為有她在，這個無形的學校才能繼續支撐下來。

除了定芳之外，在青藝盟裡擔任團員的每一個人，或多或少都因為曾參加過花樣而擁有一段難忘的經驗故事以及被啟發的意識，這些因花樣而起的影響也都在他們的生命中起了發酵作用。二〇一五年，我和兩位夥伴一起站上TEDxTaipei，他們倆因為花樣帶來的轉變就是既鮮明又動人的故事。

養豬的孩子，吳弘元

弘元出生於雲林縣四湖鄉，家裡是養豬的，剛進劇團的他總說自己是最標準的鄉下小孩。

弘元從小就喜歡演戲，只要有機會不管是在教室裡或是司令台，甚至是電子花車的野台上，他都要想盡辦法尬上一腳。因為太喜歡演戲了，高中時加入了戲劇社，參加了第九、十、十一屆花樣，當時他站上花樣的舞台，對著滿場觀眾大聲說出他的夢想是要成為一名演員。但好笑的是，當時他連說話都口齒不清到讓人聽不懂他到底在講什麼。

弘元在二〇一二年加入花友團。懵懵懂懂的進了劇團之後，他才發現糗了！原來當花友團根本沒什麼機會可以演戲！因為大多數時間都在幫花樣的高中生們製作、處理、解決所有要上台演戲的問題。有一段時間他自己也無法接受這樣的狀況，他說他來劇團就是要演戲的呀！他就是要來這裡享受被聚光燈照射在身上，全部觀眾看著他的感覺呀！

但是隨著一年又一年的花樣演出，在幕後擔任技術工作的他發現劇場其實就是一個靜止的空間，但會因為花樣的每一場演出所帶來不同的故事，而賦予這個空間故事、溫度及生命。每當他在台下看著這些小高中生，正在經歷他曾經歷過的感動，看著每一場坐在台下的觀眾與父母，為台上的小花兒們這半年多來參加花樣的努力而掌聲喝采時，好幾次他自己都感動到快要哭出來了，這份在心裡的澎湃更勝過於他自己當演員的感動。

於是他發現自己不一定要當一個站在舞台上的人才能夠獲得成就感。他暗自下了一個決定，為了幫助學弟妹們演出能夠順利進行，他

右為弘元

開始去進修更專業的燈光音響技術，只希望能為花樣一年又一年參與的年輕人打造更好的演出品質，完成他們演出的夢想。

在二〇一五年的八月，他站在 TEDxTaipei 的舞台上，又一次對著滿場觀眾說出他最大的夢想，以及他在花樣的生命收穫。那天台下觀眾也給這個來自雲林縣四湖鄉的養豬戶之子，也是四湖鄉唯一一個會做燈光技術，且站上 TED 舞台的年輕人最熱情的肯定。

用中輟身分理解和我一樣的人 成瑋盛

十七歲的瑋盛是劇團裡最年輕的一個團員。他的成長背景跟我很像，國中時讀高關懷班，到處打架鬧事還被抓進少年輔導組輔導。他走過的叛逆荒唐，甚至還比我更放蕩！

二〇一四年瑋盛參加了他高中生涯的第二次花樣，結束後，他說在花樣裡很有歸屬感，即便只是擔任幕後的音效工作，但能和大家一起為了夢想而努力的感覺很棒！當得知「風箏計畫」即將在八月啟動時，他張大了眼睛問我可不可以一起同行？我開玩笑的告訴他：「可以啊，但是學校應該不可能讓你請三個月的假吧？如果你想參加風箏計畫，那你就休學來參加吧！」

隔沒多久，我接到瑋盛的電話，他在電話那頭告訴我，他已經辦好休學手續，要跟我一起去參加風箏計畫。

瑋盛的父母、老師、同學都認為一個要升上高三的學生，正是要開始努力讀書考大學的時候，為什麼要浪費一年時間休學去做這件事情？但在跟著風箏計畫走過了這一趟之後，瑋盛說或許他比別人慢了一年的時間，但是在這一年之中他找到了一件他真正喜歡、真心想做的事情，這樣的發現其實比渾渾噩噩的待在學校裡按時拿到文憑還更有收穫！

在風箏計畫結束後，瑋盛告訴我說風箏計劃最酷的一件事情，就是他從沒想過他也可以帶著這些和他很像的少年，用他們的故事分享給更多和他們一樣的人。曾經他是坐在台下聽別人說故事的那個人，但這次他居然也可以站在台上分享自己的生命故事。過去的瑋盛被貼上壞孩子的標籤，但他相信有一天他也能把這些標籤撕掉，向所有人證明或許像這樣的孩子曾被世界放棄過，但有一天自己也可以成為伸出雙手去給予去付出的那個人。

二〇一五年，瑋盛帶著他的階段目標回到了學校：他決定把高中念完，未來想要報考跟戲劇或電影相關的科系，用藝術的力量去影響曾經跟他相似的迷途青年。而現在他正在籌組一個名為「逆風劇團」的戲劇社團，要集結大台北地區的高關懷青少年，帶著他們一起來參加第十六屆花樣，透過劇場的培訓站在舞台上對觀眾大聲說出他們心裡想說的話，用劇場引導迷途的年輕人一起探索自我找到目標。

看著瑋盛的這一路走來，如果要用一段話為這樣的故事作註腳，我想我會這麼說：「曾經長歪了沒關係，只要能夠再長回來就好！因為曾經走過別人不曾走過的路，所以會比別人擁有更多生命的經驗與體悟。」

青藝盟 Q & A

「每個人都有夢想，在追求夢想的路上，誰不曾迷失自己、忘記自己的本意？但是人生就是不斷追尋夢想，一個失敗，一個成功；一個被認同，一個被否定。不管你的夢想是小，是大，不都應該繼續堅持你自己認同的世界？」

——二〇一〇年，第十屆花樣戲劇節

永春高中・不可抗劇《我很小但你不瞭》劇本

「哇！你們劇團的人都好酷喔！」長髮女生說，「你們還有在招收團員嗎？是不是一定都要參加過花樣啊？」

「我們每年九月都會招募一次，就算沒有參加過花樣也沒關係，但是在這裡真的一點都不輕鬆喔！每個月都有團訓課程，還要參加當年的每個月活動，除此之外還要定期跟劇團開會並且跟學生們保持聯繫……。」

「蛤，聽起來好累喔，那我再想一想好了。」長髮女生的「再想一想」惹得大家狂笑不已，我看看時間也差不多該進入尾聲了，就順勢問問大家還有沒有什麼問題想要問的。一個把帽子反戴看起來頗有街頭舞者架勢的男生，問我一路走來所遇到最大的困難是什麼？

「當然就是缺錢啦。花樣每一年營運成本要兩百多萬元，但因為花樣一直以來都是用非營利的方式在運作，我們沒有跟參賽的團隊收取費用，演出也沒有售票，而且我們也把全部的精力都放在製作花樣上，所以很難有時間再去做賺錢的事。」

「那你們怎麼沒想過要收費或是賣票呢？」街舞型男不解。

「花樣的演出及培訓場地大部分都是公部門的劇場或是空間，我們以公益活動的方式去跟場館洽談合作，才能夠免費使用空間，如果活動變成收費性質就得改用租借辦法，但是那些空間的租金換算下來就算是用門票或報名費來支撐，也遠遠不足以負擔。」

「這樣活動的經費要從哪裡來？」街舞型男繼續問道。

「大多是靠申請補助與招募企業或個人贊助。有時候我也在想，當你真的去做一件有意義的事情時，資源和幫助就會源源不絕的來。像是聯電基金會從二〇一一年開始每一年贊助花樣五十萬元，一直到今年他們都還是支持著花樣，而且基金會不只是提供經費贊助，也會加入花樣的籌備和我們一起討論活動的方向、擔任培訓課程講師、初賽評審以及提供巡迴加演場次。我們缺乏訓練以及演出的器材，來自嘉義的嘉友電子也是二〇一一年開始每年贊助我們音響設備，讓我們可以節省添購的開支。青藝盟這一路走來也經歷過幾次的破產危機。前淡水鎮長蔡葉偉在得知狀況之後，甚至主動不收取青藝盟辦公室的房租當作對我們的支持。淡水文化基金會的董事長許慧明，也是從二〇一三年開始年年資助花樣，因為他也想一起來圓這些青少年演出的夢。竹圍工作室的蕭老師，則是從二〇〇九年開始，年年免費提供竹圍工作室作為培訓花樣團隊的基地。甚至是作團體服的創藝家林老闆，也是從二〇一二年開始就一直贊助青藝盟每年的團服。當然還有很多我自己的朋友選擇用贊助的方式支持，這過程中還有太多族繁不及備載的朋友在關鍵時刻給予最大奧援。或許缺乏經費一直是花樣最大的困難，但是反過來想，也是因為如此才能夠得到那麼多的鼓勵與協助。很多時候我們總是會躊躇著到底要不要跨出第一步，但其實我們真的不用想那麼多，只要你願意去做就會有人會看見，當你真心想完成一件事情的時候，全宇宙都會集中力量起來幫你。」

「最後那句話好動人！」街舞型男目瞪口呆的說。

「是嗎？這句話是我一本很喜歡的書《牧羊少年奇幻之旅》裡面說的，當我覺得沮喪的時候，我都會把這本書拿出來看一遍，到現在我已經看了五、六次了，每一次都有新的啟發。」

「你一路走來有最感謝的人嗎？」教室後方傳來聲若洪鐘的男生聲音，他丹田的威力讓大家都忍不住回頭對他報以讚嘆的表情。

「有呀，我的媽媽。我覺得她是我這一路走來最感謝的人。」

「我媽媽在我十八歲那年和我爸爸離婚，在那之後有一段時間我很少和她碰面，她也不太知道我到底在做什麼。二〇〇九年，當她知道我經營劇團出現財務危機後，就一直不斷關心我的經濟狀況，然後總是語重心長的叫我趕快把劇團收掉，去找別的工作。好長一段時間我跟她碰面時的話題都圍繞在這上面，她要我停止，但我堅持不放棄。直到有一天她突然問我劇團的銀行帳號，說她把手上的股票全都結清了，拿了五十萬元讓我好好作劇團，不要再跟別人借錢了。每一次回去和她吃飯，她都會在我皮包裡偷偷塞錢，當我發現皮包裡多出來的那一兩千塊時，都會覺得自己很不孝，都那麼大了還要讓媽媽擔心。有時候手頭比較緊，她就會改塞一大疊發票給我，讓我帶回去看有沒有機會對中兩百萬。其實我之所以能夠那麼自在地做一件自己想做的事情，大部分還是來自於家人對我的放任，家人之間永遠都有著最深的情感和連結，所以不管怎麼樣都要嘗試著去理解對方，不管怎麼樣的爭執都一定能找到化解的方式，記得，很多事情說出來都會不一樣的。」

「花樣的主題都是怎麼訂的啊？是每一年都要重新想嗎？」

「從二〇〇五年到二〇一〇年，花樣歷年的創作主題「夢想」、「冒險」等，大多以貼近青少年的生活狀態作為媒介。二〇一一年，創作主題開始談論環境正義、談論社會正義，青藝盟開始思考透過教育我們究竟要把年輕人帶向何方？我認為社會上諸多問題的根源解藥其實就是教育，而『價值觀』才是翻轉教育制度的破口。所以二〇一三年的花樣談論『教育』，我們希望讓大家看看到底是會思考重要？還是會讀書重要？二〇一四年『我們的美麗島』，希望年輕人透過創作去探索這塊土地上真正的歷史，因為我們在學校裡所學習到的，很多都是不完整甚至是不正確的。但當你能夠理解這些事情時，這些理解就能帶著你開始去關心很多自身之外的人事物，這段經歷就能帶著你的意識覺醒，所以二〇一五年花樣的題目叫做『青春覺醒』。」

我看著大家進入一種沉默的狀態，於是提了下一個問題：「在座各位有沒有人知道自己的阿祖叫什麼名字？」現場竟然沒有一個人舉起手來，我擔心他們會不會聽不懂我的意思，所以我解釋了一下：「阿祖呢就是你阿公阿嬤的爸爸媽媽，學名來說就是你的曾祖父母或外曾祖父母。」

有人笑了一下，但是依舊沒有人舉手，連課堂上的老師也沒有舉手。

「你們不覺得這是一個很有趣的現象嗎？現在的年輕人都可以知道自己偶像的寵物喜歡吃什麼，也知道虛擬網路遊戲的各種密技，卻不知道自己的根源與家族的歷史。這代表我們和土地失去了關聯，和世界失去了連結。所以當很多人在說年輕人如何不好、怎樣不對，而任意的為年輕人貼上各種標籤時，我都覺得應該要看看是我們提供了什麼樣的成長環境才造成這樣的狀況。」

在這片沉默的氛圍裡感覺不到一絲沉重，因為從大家的眼神裡可以感覺到這顆石頭丟進了湖中，產生了漣漪。

「那你辦花樣辦那麼久了，有沒有什麼事情是讓你最有成就感的？」前排的小個子男生舉手。

「二〇一三年台北的反核大遊行吧！」我想了三秒左右回答。

「什麼？那是你辦的活動？」小個子男生一臉驚訝。

「不是啦！怎麼可能！」我趕緊澄清。

「那一年青藝盟以紙袋人軍團的方式參與遊行，一整天活動結束之後，照理來說應該是要累到翻過去，但我自己卻是興奮異常。因為那一天我看見了花樣從第一屆到第十三屆都有人一起參加這場遊行。雖然大家都在不同的隊伍中行進，不過在蜿蜒的人龍裡都能看見彼此，或許都好多年不見了，但卻能一起為了同一個理念挺身而出。花樣就像是一個載體，導引這些因為夢想而參與其中的年輕人去接觸、認識更多重要的價值觀，再藉由他們的創作去呈現年輕人的視角對於世界的觀察。就算是離開了劇場，他們也能帶著這些繼續走在自己生命的路途上，去傳遞影響與改變，這就是我們最大最大的成就了。」

小個子男孩點點頭，這時傳來紅衣小女孩的提問：「那你未來有什麼計畫啊？」

「我想要蓋一所學校。」我想都沒想立刻秒回。

「我想要蓋一間藝術學校，可以讓年輕人在這自由自在地尋找興趣，探索天賦，不用被體制所綑綁，辦一所能夠讓年輕人真真正正感受到活著的學校。」

「那要花多久時間？」一樣是紅衣小女孩和我的對話時間。

「到我四十五歲那一年，學校就會蓋好了。」

「這樣說一說就會蓋好喔？」

「當然不是啊！我也是有分短中長目標的！蓋學校是我的終極目標，近期目標則是希望青藝盟不用再依靠贊助達到自給自足的狀態。」

「那中期目標呢？」

「我想要成立一個表演藝術性質的社會企業，帶著跟我成長背景很像的年輕人，還有對戲劇有興趣的年輕人一起創作作品，演出巡迴，賣票賺取收入，然後分享給參與的夥伴，不管是幕前幕後的每一個人，讓大家都能夠讓自己的興趣成為謀生的管道。」

我看了看時間還有最後三分鐘，按下最後一張簡報，螢幕浮現我曾經帶了七年的學生，一個綽號叫做「東煮」的男孩。

二〇〇七年，我在帶陽明高中戲劇社的時候遇到東煮，因為他長得不錯顏值頗高，所以連續兩年都擔任演出演員。高中畢業後他加入青藝盟擔任團員，也做過幹部。那幾年在劇團的時間裡我對待他的方式就好像皓期主任當初帶我的過程一樣，劇團裡的所有大小事都讓他做過一遍，不管是表演、燈光技術、平面設計、網站建置甚至還去接電視短劇的拍攝。

東煮的背景跟我也有點相似，國中讀的是高關懷班，所以身邊也有很多形形色色的朋友，可能做詐欺、八大行業經紀，甚至是神棍都有。其中有一個朋友叫做小P，典型的富家子弟，父母給他的關懷與愛總是不及每個月拿到的零用錢數目。小P得不到渴望的家庭溫暖，開始在外面結交朋友沾染上了藥物，把自己搞到渾渾噩噩沒有目標跟方向。後來小P在臉書上看到東煮在劇團裡多采多姿的生活，便問東煮可不可以帶他去接觸外面的世界？於是東煮帶他去試鏡，結果竟然因此獲得經紀公司肯定，決定簽約栽培。找到了生活重心之後的小P漸漸遠離原本頹廢的生活，有一天他很認真的跟東煮道謝，謝謝東煮讓他的人生有所不同。

雖然一年後東煮因為經濟因素與家庭壓力，做出了離開劇團的決定。但離開劇團後，他用在劇團的所學投入燈光技術的接案生活，成為專職的技術劇場工作者，後來並還自費去進修高空懸吊的專業證照，讓自己能夠接更多元的技術專案，很多國內大型的演唱會他都有參與製作。後來我問他這樣一個月收入有多少，他說拚一點的話將近十萬元，這樣的行情不但能夠幫忙家裡，也能讓自己的生活好過一些，雖然累，但起碼是按照自己的興趣在過生活，一切都很踏實。

雖然我這十多年下來並沒有累積到財富，但是這些成果都能透過這些參與花樣的年輕人而得到見證。當青少年透過舞台劇傳遞的價值觀已經不再僅止於停留在他們自身，那麼劇場就不再只是一個實現夢想的地方；當這些興趣的追求能夠成為他們實踐生活的重要啟蒙，那麼劇場也不再只是一個做夢的地方。東煮就是一個最好的例子，讓這個中期目標的表演藝術社會企業應該被支持推動，應該被成立與實現。

對我而言，花樣更像是一個獨立在現有體制之外的無形學校，透過這個學校我們可以分享給年輕人的是更多獨立思考的能力。除了劇場課程之外，我們也會邀請很多在社會中各個領域的老師來到花樣舉辦學校裡不太有機會聽到的講座，透過這些老師的生命經驗分享，帶領年輕人去探索生命的樣貌、培養獨立思考的能力。這些都是我希望透過劇場能夠去補足教育體制內可能比較不足的地方。

東煮

然而不管是花樣本身所能帶出的「功能」也好，或是剛剛提的自己個人的意識形態也好，透過青藝盟想要去完成這些事情並不容易，很多時候真的會挫折到想放棄，但想想如果我們真的就這樣停下腳步把花樣放手了，那似乎也不會有人願意來做這件事了。常常我也不時會回想當初一開始要做這件事情的初衷與原點，以及這段路上每個年輕人的成長故事，這些都是帶給我們繼續做下去的重要動力。

因為現在這個階段的年輕人會決定我們國家未來的發展。

「時間差不多了，很謝謝你們讓我這個諧星有機會跟你們聊了兩個小時，希望今天的演講也可以帶給你們一些啟發，讓你們找到自己要去的地方。」

「如果以後你的學校蓋好，我可以去當你們學校的老師嗎？」紅衣小女孩認真的問我，終於，這一次她的語氣不再是輕蔑的挑釁。

「當然可以，我有什麼理由拒絕一起來實踐這個夢想的夥伴呢？我很歡迎大家在未來也都可以加入青藝盟，不論是實際的參與或是協助我們推廣宣傳，當然若能幫我們媒合引薦資源也都很棒。或者有一天當你的孩子告訴你他想要參加花樣的時候，你也會願意放心讓他來參加，當然我們並不會排斥你陪著他一起來。」

紅衣小女孩對我報以這堂課上她最真心（不是嘲笑）的笑容。

老師走上台來為今天的演講進行結語。

我把簡報的程式關掉
然後跟大家鞠了躬
再一次謝謝大家
收拾我的東西
跟大家告別
離開教室

繼續踏上我的夢想旅程

bye - bye -

給青春的第二條路

作者：余浩瑋
總編輯：陳郁馨
副總編輯：李欣蓉
編輯：陳品潔
封面設計：李佳隆
美術設計：Wan-yun
行銷企畫：童敏瑋
社長：郭重興
發行人兼出版總監：曾大福
出版：木馬文化事業股份有限公司
發行：遠足文化事業股份有限公司
地址：231 新北市新店區民權路 108-3 號 8 樓
電話：(02)2218-1417　　傳真：(02)8667-1891
Email　：service@bookrep.com.tw
郵撥帳號：19588272 木馬文化事業股份有限公司
客服專線：0800221029
法律顧問：華洋國際專利商標事務所　蘇文生律師
印刷：成陽印刷股份有限公司
初版：2016 年 6 月　定價：300 元

國家圖書館出版品預行編目 (CIP) 資料

給青春的第二條路 / 余浩瑋著 . -- 初版 . -- 新北市：木馬文化出版：遠足文化發行, 2016.06
　面；　公分
ISBN 978-986-359-250-1(平裝)
1. 教育 2. 通俗作品
520　　105007354

感謝您購買 **給青春的第二條路**

為了提供您更多的讀書樂趣，請費心填妥下列資料，直接郵遞（免貼郵票）。

姓名：____________ 身分證字號：____________

性別：□女 □男 生日：

學歷：□國中（含以下） □高中職 □大專 □研究所以上

職業：□生產\製造 □金融\商業 □傳播\廣告 □軍警\公務員

□教育\文化 □旅遊\運輸 □醫療\保健 □仲介\服務

□學生 □自由\家管 □其他

連絡地址：□□□ ____________________

連絡電話：公（ ）__________ 宅（ ）__________

E-mail：____________________

■您從何處得知本書訊息？（可複選）

□書店 □書評 □報紙 □廣播 □電視 □雜誌 □共和國書訊

□直接郵件 □全球資訊網 □親友介紹 □其他

■您通常以何種方式購書？（可複選）

□逛書店 □郵撥 □網路 □信用卡傳真 □其他

■您的閱讀習慣：

文　學 □華文小說 □西洋文學 □日本文學 □古典 □當代

□科幻奇幻 □恐怖靈異 □歷史傳記 □推理 □言情

非文學 □生態環保 □社會科學 □自然科學 □百科 □藝術

□歷史人文 □生活風格 □民俗宗教 □哲學 □其他

■您對本書的評價（請填代號：1.非常滿意 2.滿意 3.尚可 4.待改進）

書名____ 封面設計____ 版面編排____ 印刷____ 內容____ 整體評價____

■您對本書的建議：

請沿虛線對折寄回

廣告回函
板橋郵局登記證
板橋廣字第10號

信函

23141
新北市新店區民權路108-1號4樓
遠足文化事業股份有限公司
木馬文化出版社　收